静思语的智慧人生

摘录 证严上人《静思语》
余方·徐荷·林慈盈 辑录

复旦大学出版社

目 录

编者的话　　　　　　　　　　1

以德为品

人性的苦　　　　　　　　　　3
互助即菩萨　　　　　　　　　6
觉有情　　　　　　　　　　　8
理直气和　　　　　　　　　　10
活出人生的快乐　　　　　　　12
清净的大爱　　　　　　　　　14
善用财富　　　　　　　　　　17
最幸福的人生　　　　　　　　19
自我要求　　　　　　　　　　21
转烦恼为智慧　　　　　　　　23

心存祝福	25
重视心灵沟通	27
对子女放心	29
为孩子种福	32
早起练心	35
心正自在	37
修福修慧	39
忏悔	42
下定决心	44
智信与迷信	46
去贪就简	48
自觉与自性	50
信心、毅力、勇气	52
勇于承担	54
以他人为鉴	56

以善为宝

人有无限可能	61
一言为重	63

人生的创造者	65
发恒常心	67
天堂和地狱	70
佛陀的教育	72
保持开朗的心念	74
智慧与聪明	76
心量开阔	78
有心有福	80
心无怖畏	82
有即烦恼	85
时日莫空过	87
爱与幸福	89
惜物爱物	91
慈悲的法喜	93
欢喜心	95
爱心与耐心	98
知足的人	100
大智若愚	102
做人的开始	104
感恩父母与众生	106

重业轻受	108
执著的困境	110
宽谅和乐面对业力	112
让生命发光	114
感恩的人文	116
至诚的爱心	118
大爱齐心	121

以病为师

生命力的春天	125
心宽就是福	127
也是一种福气	129
赤裸裸地来去	131
看轻病痛	133
痛苦换成痛快	135
自造福田	137
菩萨的恒常心	140
爱无分别	142
化小爱为大爱	145

人生终有聚散	**148**
为众生求安乐	**150**
慧命永存	**152**
爱最有价值	**154**
及时伸出援手	**156**
在医院修行	**158**
发挥良知良能	**160**
附录：慈济语汇	*163*

编者的话

《静思语》辑录自证严上人平日向弟子、慈济会员或社会大众的开示及谈话,至今已出版二十年,总共翻译及出版了十多种语言。这些年来,所发散出的正面力量,已无远弗届地,深深影响地球的东西两方社会。

证严上人的《静思语》简短易懂,但往往正中人心,让读者在随喜的翻阅中,对种种现实人生的困境豁然开朗,深刻体悟生命真谛,从而认真地活在当下,发挥本性的善与美。

世上有千百样的人,更有形形色色不同的人生境遇,人人想法不同,但遇到困境时,同样踌躇烦恼。往往事情不仅难以收拾,自己受到伤害,还会带给别人困扰,进而影响家庭与社会的祥和气氛。

曾经有位新闻女主播,很容易就失控发怒。有一次,主管责备她所播报的新闻未经查证,她气愤难平,不只认为主管小题大做,也很想找告状的同仁理论。回到座位后,她看到桌上的《静思语》,随手翻了一下,正好翻到书中的一句话:"若有人扯后腿,要心存感恩,没有人扯,就练不出腿劲。"她当下大悟,心情平静下来,不再责怪别人。从此她对每则播报的新闻,都小心谨慎,一定再次追踪、查证,后来果然得到更多观众的信任,成为极受欢迎的名主播。

"一粒细沙就扎到脚,一颗小石子就扎到心,面对事情当然就无法担当。"这句话影响了一位新任的工程师,他在会议上与人起争执,正想愤而离席,凑巧低头时看到《静思语》中的这句话。于是,他静静坐下来,换另一种心情与人沟通,事情居然格外顺利了。从此,他随身携带《静思语》。

一位因丈夫外遇而精神濒临崩溃的女子,偶然间在书店里翻读到《静思语》中的一句话:"欲改变别人,先改变自己。"于是她转移焦点,不再紧迫盯人的每天盯住丈夫行动,化小爱为大爱,转而去医院当志工。当她看到许多在生死边缘担忧的病患,终于知道自己的苦,并不是最苦的,逐渐放下了自己的烦恼。

除了以上的例子,在台湾及世界的许多角落,我们看到一个又一个因《静思语》而改变的真实人生故事;《静思语》可说已深植在人们生命的底层,它是生命的经典,是人生必备之书。

本书从千百则故事中,一一筛选、讨论,辑录了七十余则真实的人生故事,每一则都是慈济人以具体行动活出《静思语》的深刻见证,他们动人的智慧人生,肯定会触动每一位读者的心弦,从中得到生命的启发。

以德为品

【人性的苦】

人的身体有残缺不算苦,人性的残缺才是真正的苦。因为世间的灾难祸害,大都是由手脚完好,但心灵残缺的人所造成的。

——《静思语》第一集

    曾经,在黑暗的世界中,每一分、每一秒都是煎熬;曾经,他认为全世界都遗弃他,他的未来没有盼望,他的人生只能停留在自怨自艾的牢笼里。但现在,全盲的程恒生以一曲"望春风"小提琴表演,让全场所有师兄、师姊及环保志工们,听得如痴如醉,欲罢不能。

    是什么力量,让他从沉沉黑暗步向心灵光明?

    比起天生盲者从未体会过光明的滋味,落差的感觉可能没那么痛苦。原本视力健康的程恒生在罹患贝塞特氏症后,双眼视力近乎全盲,心理上的落差与痛苦极大。他万念俱灰,整天躲在家中,自杀的念头一再出现,常常让妈妈伤心掉泪、担心受怕。但因为母亲的爱与无私的付出,让他深深体悟到,除非自己站起来,勇敢走出去,没有人可以帮助他。而如果始终不能克服悲伤与愤怒,他失去的,将不只是自己未来的人生,连母亲的快乐晚年也一并剥夺了。

一念之间,程恒生立志行善、行孝。他勇敢地说:"我必须从'心'开始照顾好自己,只要把'心'安住在环保站,不让病魔主宰我的身体,用坚持、运动、毅力,加上勇气,每个月都能来做环保。不让我的'心'产生土石流,妈妈自然不再为我伤心流泪。"

他不但改变自己的人生,更发愿以自己的故事影响别人,让更多学子、老菩萨、小菩萨深深体悟到行善、行孝的重要性。而他的母亲原本在婚姻中愁苦数十年,对父亲怨恨极深,也在他一路陪着妈妈,以证严上人的法启动她的欢喜心,终于让父母化解恶缘,照顾父亲到圆满人生。

"身残心不残"、"眼盲心不盲",这些上人的鼓励,让程恒生的每次分享,总使许多人感动落泪,因而感恩自己拥有一个健康的好身体、好眼力、好体力,还可以在环保道场修心养性,为地球付出,何其幸福!帮助他坚持下去的最大力量,就是时时刻刻以上人的开示惕励自己:"人生最大的错误,就是放弃自己!""人生不怕慢,只怕站在原地不动!"

【互助即菩萨】

好事,需要你、我、他共同来成就。所以,不要有你、我、他的成见。

——《静思语》第二集

　　有一次证严上人到屏东,适逢发放日,就顺道去看当地的发放情形。

　　当天,有一部改装的三轮板车,缓缓地由远而近驶向分会。用力踩车的是一位眼盲的老先生,手握着车把,坐在他身旁的则是一位眼睛正常但手脚畸型的老婆婆,她指挥着眼盲的老先生踩车,板车上还载着另一位既盲又聋的老先生。

　　这辆三轮板车驶到慈济分会门口便停了下来,坐在后座的老先生问:"怎么停下来了呢?"另一人大声地回答他:"因为已经到了分会。"

　　两个残障老人加起来,可说已成为一个健康的人,但是,为什么还要搭载另一个残障的老人呢?

　　老婆婆回答大家的疑问:"他又盲又聋,如果不载他、让他自己走,万一出了车祸,怎么办?"

　　他们三人把原本残缺的图片,拼成一幅完美的图画;把身体的功能发挥得淋漓尽致,非但四肢健全,同时心眼明亮。这种残缺中的完美,最令人感动。

【觉有情】

有智慧的人，即是觉悟后的有情众生。

——《静思语》第一集

天底下最不自由的地方，应该是监狱。但是，身陷囹圄的王师兄，一念之间的转变，从此心灵不再受监牢的四面高墙束缚，拔救自己出离苦痛深渊。

王师兄曾是职业军人，担任海军陆战队营长，退伍后转换跑道，前往菲律宾从商，经营龙虾养殖有成，不仅拥有自己的渔船，也练就一口流利的菲律宾英语。

没想到在人生得意之时却遭友人诬陷，入狱服刑十七年；在狱中，他的心充满恨意，唯一能抚慰他的是每周日的"慈济世界"广播，聆听证严上人"静思晨语"开示后，开始读佛经，从而体会《水忏》真谛，日日自省忏悔，更发愿出狱后要回馈社会。

假释出狱之后，师兄主动到斗南联络处找慈济人，投入志工行列，做环保，且参与慈诚培训；原本破裂的家庭,也在太太的信任和谅解下破镜重圆,夫妻同心做慈济。目前他经营有机农场,种植蔬菜,并开放就业机会给更生人*,协助他们适应社会、培养技能,并做心理辅导,已辅导十多位更生人。

《静思语》与《慈济月刊》中的每一则慈济故事,都带给王师兄心灵上的冲击,慈济人生命中的点滴之爱,灌注到他的生命中,进而改变了脾气、观念、思想,让他不再埋怨而化解仇恨。

他读到上人的《静思语》:"普天下没有我不爱的人,没有我不信任的人,也没有我不原谅的人。"他坦然面对过往,把握机会调适、转变自己的人生。所以人人爱他,也陪伴着他,即使仍在假释中,师兄也到观护所去辅导别人,以同理心分享自身受过的苦,犹如对症下药,能有更大的成效。

---

* 更生人:在台湾指曾被判刑入狱,出狱后希望改过自新的人。——简体字版编者注

【理直气和】

理直要气"和",得理"要"饶人。

——《静思语》第一集

当我们和别人发生冲突时,常常理直气壮地认为:"你不让我,我为什么要让你?"彼此互不相让,为的就是争一口气。

曾经有一位年轻小姐,自认在工作上受尽委屈,她说:"我工作得这么卖力,经常帮同事做很多他们不愿意做的事,他们不但不感谢,还抱怨我做得不够多、不够好。我实在咽不下这口气!"后来听到证严上人的开示:"很多人只学到'忍'的功夫而已,还没办法做到'吞下去';不过,更上一层的功夫,还不只是吞下去,而是能够消化掉,这才是真本事。"

那位小姐听了,有所领悟,原来她的自尊心太重,别人嫌一句不好,自己就起烦恼心了。确实如此,一个人自尊心太重时,就会形成"我慢心",总觉得自己已经做得很好了,为何还遭人嫌厌?自尊心让人能够自我要求,把事情做好;不过,也要小心因为过度的自尊而转成了傲慢,也就是所谓的"卑劣慢"。自己徒增烦恼,也不能虚心求进步。

修行的功夫方法很多,也有层次之别。可是如果少了"忍让"和"消化掉"的功夫,那么还是不得解脱,陷入无穷尽的烦恼之中。

我们要常常提醒自己,做事要能尽心尽力、追求完美,但也不要生起"卑劣慢",完全不能忍受一些责难。若是修养很好,既能容,又能让,懂得消化掉那口"气",平和应对别人的意见,一定可以在工作及修行上不断精进。

【活出人生的快乐】

待人退一步，爱人宽一寸，在人生道中就会活得很快乐。

——《静思语》第一集

一位师姊曾经为了婆媳问题，痛苦许久。她先生是独子，她也认为要做一个好媳妇，应该忍气吞声，对婆婆的任何苛责都不回嘴。但白天的忍耐累积到了夜晚，火气愈积愈高涨。先生一下班回家，她就开始"算账"："早上八点你妈妈骂我怎样怎样，九点时嫌我怎样怎样……"每一天都有好几笔受委屈的账，她真的用笔记本记下这些苦闷，整整记了一大叠。

于是，先生回来必须听她诉苦抱怨母亲的不是，还必须百般依顺地向她赔礼。她每天都在埋怨中度日，连觉都睡不好，日子过得非常痛苦。

等到她进入慈济当志工，又埋怨婆婆的不是，"你先生对你好不好？"有人提醒她，她回答："我先生实在非常好。""你先生从哪里来？"她突然愣住了。一念之间,她想通了,先生是婆婆生给她的,今天先生能对她这么好,要感谢婆婆啊!怎么不会感恩婆婆,反而埋怨婆婆?只爱先生不爱婆婆,那真是本末倒置啊!

  她深深反省自己,发愿好好弥补,做个好媳妇。一大早起床,她把工作做好,体贴地向婆婆嘘寒问暖,看她喜欢吃什么、喜欢穿什么,就买什么,做婆婆的非常高兴媳妇的改变,婆媳俩处得非常好。

  她的婆婆以前认为女儿比媳妇好,现在才感觉到媳妇比女儿更好。婆媳之间亲密和谐,一个家庭变得非常和睦,孩子也因为父母和家庭气氛的改变,而从即将变成叛逆少年的边缘回头,一家其乐融融。

【清净的大爱】

"无缘大慈",是指没有污染的爱：他与我虽然非亲非故,而我却能爱他；爱得他快乐,我也没烦恼,这就是清净的大爱。

——《静思语》第一集

有些人充满了爱心,不论处在任何环境中,都能以爱为对方着想,他们是真正的人间菩萨。

一位七十几岁的老阿婆就是如此。一个濛濛细雨的天气,她坐公共汽车外出,车上挤得动弹不得,她很幸运有座位栖身。到了某站,阿婆冒着细雨下车。

车子呼噜开走了,阿婆站在细雨中继续等车；等了又等,很久都没来。她喃喃自语："车子怎么这么久还不来？"旁边一位年轻人关心询问："阿婆,您要去哪里？要坐几号公车呢？"

阿婆说出了目的地以及要搭的公车。年轻人听了大感不解,"您等的车子,就是您刚刚下来的那部车啊!为什么刚才不继续往下坐呢?"阿婆回答:"我知道啊!我刚才是故意下车的。"原来,阿婆看到一位两手拄着拐杖、脚裹着石膏的年轻人,在公车里摇摇晃晃,站都站不稳,周围却没人肯起来让座。阿婆想招呼他过来坐自己的位子,但知道年轻人一定不好意思,只好故意做出马上要下车的姿态,对年轻人说:"我要下车了,你站过来些。"

那位年轻人知道她要下车,慢慢走近阿婆座位。到站了,阿婆起身让他坐下,然后自己安心地下车。这是多么有慈悲心的老人家啊!看到脚受了伤、打上石膏的年轻人,她内心起了一分爱怜,这样的爱,多么有智慧、多么透澈、考虑得多么周详。

什么是真诚的爱?证严上人曾经开示,要付出真诚的爱并不困难,只要你伸出手、踏出脚,去做就对了;唯有凡夫故步自封,退缩不进,才会产生困难。所谓"简单就是美",只要肯去做,大爱是无障碍的,在付出的同时,就已走上觉有情的菩萨大道了。

凡夫之爱,经常陷入痴迷的障碍中,有人爱到为对方跳楼,有人心心念念"没有你,我不能活",这些都是

"假情",这样的"爱"让对方辛苦,自己也很烦恼。如此彼此困扰,怎会是真正的爱?真正的爱,是爱得对方快乐,自己也很自在,这才是真诚的菩萨之爱。

慈就是爱,是清净的大爱。

【善用财富】

富有的人若不懂得善用财富,也会被社会人群所遗弃。其孤独与寂寞,恐怕比穷困的人还痛苦!

——《静思语》第二集

有一个老人家,总是形单影只地进出慈济医院。原来他早年事业十分成功,拥有许多房地产,子女教育得也不错,只不过成家立业后相继住在国外。老人家的妻子多年前往生之后,他就一个人孤单地来到花莲,买了一幢别墅,自己一个人住,生病了也无亲友照料,只有慈济志工前往肤慰与关怀。

老人家一生富裕,不过朋友极少,亲戚也很疏远。因为除了家人之外,他很少对其他人付出关心,也不信任别人;房子装潢得极为舒适,却无人与他分享。年纪老了之后,孩子及妻子都离他远去,他明白自己之前很少对周遭的人付出爱,才会落得如此孤单。其后,即使想要对人付出,也为时晚矣,老人家在一次气喘发作下,就这样孤零零地往生了。

老人家的晚年十分凄凉,带着满满的遗憾离开人世。这就是证严上人说的"悭贪"的烦恼。若自己有力量却不帮助人,这就是"悭贪"。我们平常应该互相关心,有能力就要付出,帮助别人是最快乐的事,可是大多数人却不明白这个道理,不能领受付出的喜悦。

有些人教了别人功夫,就担心对方会胜过自己;有的人拿钱助人之后,却立刻心生后悔,对别人是否回馈耿耿于怀。这都是"悭"的烦恼。事实上,付出就是植福,应该感到很快乐。不能付出的人生,是非常寂寞、凄凉的人生。老人家的例子,我们应引以为戒。

【最幸福的人生】

人生若能被人需要,能拥有一分功能为人付出,就是最幸福的人生。

——《静思语》第二集

一位患有肌肉萎缩症的中年妇女,她的身体已经完全的弯曲,走路时得蹲在地上,很艰难地一步步缓慢移动着。因为父母往生了,兄弟又各自成家,她一个人独居着,令人吃惊的是,她除了自理生活,居然还能够帮别人带两个小孩!

探视她的慈济委员很感动,说:"她不只能带两个孩子,还把家里打扫得干干净净,一尘不染,实在非常坚强,我们都被她'教导'了!"

这位女士神态平和,很愉悦地表示:"是呀,我的双手还很有力气,可以照顾孩子,也能把自己的生活过得很好。"这样"站不起来"的人,却活得比一般站得好好的人要显得自在、快活。

证严上人见了她,也很欣慰地赞佩:"'诚敬悦服'

是修行人所追求的,面对复杂的人生,如果有诚意和恭敬心,做每件事都会很欢喜。这位妇女的身心比毫无病痛的人都要健康,遇到事情都能善解,可说是拥有最幸福的人生!"

　　我们要反省自己,每天都有这样的心态,修行不一定要在寺院里,也不一定要在什么样的环境,不一定要有健康的身体才能修行,修行只在于一念心。

【自我要求】

无法要求他人把"不可能"的事变成"可能";但是可以自我要求,将"不可能"的事转为"可能"。

——《静思语》第二集

陈夙芬是一位实力派演员,然而烟、酒、槟榔……样样精通,且三天两头打架滋事的父亲,是她心中永远的痛。直到她接演大爱电视的"大爱剧场",接触慈济人后,人生终于有了"从头开始"的可能。

她的父亲年轻时是一位赌徒,把家里的小空间拿来开赌场,赌徒的吆喝与骰子声从清早吵闹到天亮,搞得附近居民鸡犬不宁、寝食不安而向警局举报。懂事以来,她常常要跑警察局,处理父亲的各种状况。

曾经,她以为父亲这辈子不可能改变了。但她从慈济人身上得到很多智慧的启发。于是,她决心在改变父亲之前,必须先改变自己,她要向父亲证明,每个人都可以改变,甚至变成一个与以前完全不一样的人。她毅然加入慈济,一改过去当演员时沾惹的一些习气,从回收资源做起,进入医院当志工,参加委员见习与培训。用事实向父亲证明,女儿可以改变,父亲一定也可以。

没想到,她的父亲真的被女儿的改变和温婉劝导打动了,慢慢减少烟酒与槟榔的数量。于是,她进一步用心催促,鼓励父亲一定要走出来做环保;熬不过女儿的苦心,她的父亲试着一步步踏出来,愈做愈欢喜,常常大清早出门,到晚上还不见人回来,做环保时间比谁都长。如今,家里的赌场已成为焕然一新的素食餐厅,父亲也完成慈诚见习,开始接受慈诚培训了。

短短几年间,她改变自己,也改变父亲与家人的命运,"只要有心就不难。"她真诚地说。

【转烦恼为智慧】

透过烦恼转成智慧,这个烦恼才有意义。

——《静思语》第一集

不论身为子女,或是身为父母,亲情给我们带来许多情感的抚慰,却也带来诸多烦恼的可能,需要我们运用智慧处理与面对。

曾有三位年轻女性,不约而同地倾吐为亲情羁绊的苦恼。第一位说,她的父母每天吵闹,妈妈想信佛,父亲反对;妈妈想到寺院拜佛,爸爸却万般阻碍,看他们这样吵吵闹闹、翻脸,做子女的真是烦恼啊!

另外一位女性则表示,妈妈的身体一向不好,爸爸平时又不大关心,她看了非常难过,该如何让母亲身体健康,心能看得开?孝顺的她也为了父母的感情而烦恼。

第三位女性泪流满面地诉说:"我有一个孩子过世了,我无论如何都看不开,时时刻刻怀念他,我好痛苦呀!"这是父母对子女的情,也是苦啊!

凡夫的人生,就是在父母、子女、亲友之间的情爱缠绕。上面三个故事中,父母的情会影响做子女的情绪;子女的身体不适或是出了什么意外,父母也会痛不欲生。证严上人开示,这种情是很狭隘的,这分感情是"迷"的情。

与其在狭隘的范围内久久不能自拔,让自己的情绪深受影响,对家人不见得有帮助,不如转移注意力。社会上有很多夫妻是夫唱妇随,同心同志又同道,生活得非常快乐。如果多注意幸福的家庭,认真看他们如何情投意合且同心,将他们的模式、他们的方法,他们家庭成功的优点转告给父母,也许反而可以借机转变父母的观念,这是子女对父母的感化!

【心存祝福】

想要家庭吉祥、和睦，就应该常常起欢喜心，天天为自己的家庭祝福。

——《静思语》第二集

一个从事建筑业的师兄，加入慈济以前，他的孩子在作文簿上写着："我已经好久没有看到我的父亲了。"而他的妻子也经常埋怨先生三更半夜才回家，原来他以事业应酬为理由，常常在声色场合花天酒地，流连忘返。

每当太太数落他："怎么这么晚才回家？"他就回答："谁说晚？我是世界上最早回家的人了。"原来，他是在清晨三四点才进门，从时间的观点来看，的确是最早回家的人啰！

他一进家门，倒头就睡着了。孩子们六七点就得出门去上学，所以，出门的时候，父亲还没有起床；放学的时候，父亲还没回家，彼此根本没有时间互动与沟通，久而久之，父子间的亲子关系就这样淡化了。

但是，加入慈济以后，经过一段时日的反省与修正，《静思语》是他的座右铭，慈济人是他的善知识。现在他的孩子在作文时写的是："我很满足，我觉得我是世界上最幸福的人，因为我有一个很伟大的爸爸。"这就是进入慈济前后不同的人生。

常有妇女充满感恩地告诉证严上人："师父，感恩您救了我的家庭。"这些经过净化、令人欢喜、安慰的人生故事，是所有慈济人共同的宝贵精神财富。

【重视心灵沟通】

一个家庭不能只追求丰富的物质生活，更该着重于心灵沟通，使亲子、夫妻之间的关系和谐、圆满。

——《静思语》第二集

就读小学三年级的小豪，曾让老师和爸妈伤透脑筋。上课时，他从来不会主动回答问题，对老师的关注冷漠以对，与同学的互动更常演出"动作戏"。然而，在刺猬般的外表下，其实是一颗受伤很深、很没自信的心。小豪妈妈回忆起那段日子，满是自责与无奈，因为她自己脾气暴躁，总是将情绪发泄在孩子身上，"不当的管教，让儿子变得没自信，也和父母疏远。"

终于，在一位师姊引导下，她陪孩子参加慈济的社区亲子成长班。刚开始，小豪很排斥，但妈妈不放弃希望，三年来持续不断陪孩子上课。接受慈济人文的洗礼后，她自己先改变对孩子的教育方式，用规劝代替打骂，用心与孩子沟通。碰到真的无法忍受的情况，在发脾气前，她会躲到房间痛哭一场，让眼泪发泄情绪，然后再找慈济刊物翻阅，细细沉淀心情后，再温柔地与儿子互动。

父母是孩子的模范，"要孩子成为什么样的人，自己得先成为那样的人。"小豪妈妈如今对这句话体会深刻。现在，亲子成长班上课时间一到，就可以看到他们全家大小说说笑笑，三个孩子互相追逐着的幸福画面。

滴水可以穿石。小豪每晚睡觉前，都会跟妈妈"甜言蜜语"一番，像是"妈妈，我好喜欢你，也喜欢全家人"。孩子的改变，不可能在朝夕之间，父母必须先改变自己的心态及观念，慢慢引导子女，才能见功效。而每个孩子天赋不同，父母在要求孩子的同时，也要给孩子成长的空间跟时间，更要多陪伴孩子。

【对子女放心】

父母过分爱子女的心力,会反射成为子女的烦恼。对子女要放心,他们才能安心。

——《静思语》第一集

天下的妈妈都是爱孩子的,但爱孩子不能用痴愚的爱,而要用智慧,才能爱得轻松又清净。

如果我们关心孩子、希望孩子成功,就应该多祝福他们。但是,很多父母反其道而行,一天到晚骂孩子不乖,骂孩子不读书。孩子与母亲的心是最密切、也是最有感应的,只要父母对孩子有信心、多祝福他,有朝一日他们一定会变好。如果对孩子的爱太浓了,就像在喝一杯过浓的咖啡一样,既涩又苦,当然不好喝!如果能把这杯咖啡冲淡一些,分享给更多人,不但好喝,别人也会欢喜!

有一位慈济委员,每当子女要考试时,她比孩子还紧张,甚至还会发作心脏病。后来她听了证严上人的开示,体悟道:"我不再替子女紧张了,我若一心执著爱子女,倒不如放开心胸去爱更多人。"她把时间用在关心更多人身上,自己也做得很欢喜。

说也奇怪,当她转变心境后,孩子的功课竟一天比一天进步,当她问孩子:"为什么以前我那么关心你,你的功课却一落千丈,现在我放松了,你反而进步了?"孩子回道:"妈妈,你知道吗?你在家好烦人哦!你不在家,我好清净啊!"

到此她才恍然大悟,知道十几年来是白担心了,现在把时间献给慈济,去关心老老幼幼,不但她快乐,孩子也高兴。

另有一位委员,以前也是常叨念孩子。进了慈济后,也有很大的改变。更令她安慰是,有一次她女儿放学错过了公车,搭计程车回家,在车上她看到车窗玻璃上贴了"阿弥陀佛"相,车内也播放阿弥陀佛的曲子,她就放胆问司机:"你是佛教徒吧?"

司机问她怎么知道他是佛教徒,她说:"我听你车子内有念佛声啊!"司机又问她:"妈妈也是佛教徒吗?"她说:"我妈妈不只是佛教徒,而且是慈济的委员。"司机一听,回过头来向她说:"哦!你是慈济委员的孩子,那你是菩萨子。"

车子载她到家门口,她要给钱,司机说:"不用,你是菩萨子,不用跟你拿钱。"她一进门,马上向妈妈说:"妈妈,原来我有一位伟大的妈妈,我好光荣喔!"

所以,做妈妈的能以慈母心去爱普天下的众生,用菩萨的智慧去教导孩子,如此,自然能教育孩子走向正途。

观世音菩萨慈眼视众生,每个人在他的眼中看来,都像幼子一样,哪个孩子叫苦、哪位众生遭到苦难,他都像母亲一样的一视同仁。所以为了这个爱,他不断来人间;为了这个爱,他没有片刻的休息,用心地投入人群。

观世音菩萨不是只有一位,其实,人人都可以是观世音菩萨,因为只要你与观世音菩萨有同样的心,你就是观世音菩萨了。当妈妈的人,能把普天之下的众生,都当成自己的孩子,那也就是观世音菩萨了。

【为孩子种福】

父母对孩子只有义务,只能尽责任,没有权力。要多为孩子种福,以母亲的心怀来爱众生,以菩萨的智慧来教育子女。

——《静思语》第一集

教学多年、已经退休的李美金,以前是台北市明星小学老师。她以教学严苛出名,曾经因为班上孩子成绩不好,大声责骂,连隔壁班都听得一清二楚。隔壁班老师还说:"李老师,你骂得很好,所以我要班上的孩子也一起听。"当时她沾沾自喜,以为自己能让孩子乖乖听话用功读书,真是好老师啊!

但这位"能干"的老师却在亲子关系上摔了一大跤。她的碎碎念与严格,碰上好动顽皮、小时曾被奶奶"退票"三次的大儿子,简直束手无策。孩子逐渐长大后,她很痛苦:为什么孩子的成绩与功课老是不理想,自己明明付出很多,为什么孩子无法体念妈妈的苦心?在亲子关系陷入苦思和胶着中,她走进了慈济。

在一次次参加慈济活动中,她看到慈济师姊的声色柔和,领略慈济四神汤(知足、感恩、善解、包容)的妙用,李美金逐渐反省过去教学的方式,慢慢改变自己,学习放大看孩子的优点,而不再去聚焦孩子的缺点。她开始在学校以静思语推动教学,孩子们的气质逐渐改变,慢慢学会自爱,并且相亲相爱、互相帮助,班上的气氛比以前更融洽,原来教育孩子不是用打骂的,而是要用《静思语》说的:"以妈妈的爱心去爱别人的孩子,以菩萨的智慧教育自己的孩子。""要比谁更爱谁,不要比谁更怕谁。"

李美金说:"我们的紧张都会写在脸上,孩子是独立的个体,用'感恩、尊重、爱'来爱孩子,人人的家庭就会很幸福。"在认真教学及爱的教育下,李美金荣获"师铎奖"的殊荣,她把一切归功于证严上人的智慧法语,让她的教学如沐春风。运用静思语的智慧,一路走来仿佛倒吃甘蔗,愈到后来愈是甜蜜,家里的气氛也像春风吹来,那样的和煦舒服。

曾经有位哲学家说,孩子一来是报恩,一来是让你修行的。李美金在遇到人生瓶颈时,懂得改变自己,以爱的教育口说好话,贴近孩子的心,以轻声说话代替大声叫骂,提升自己的气质。她不但成为真正的好老师,更重获她最看重的亲子情谊。

【早起练心】

恒心早起,是锻炼殷勤不懈的功夫之一。

——《静思语》第一集

有人曾做过调查,台湾年轻孩子普遍有睡眠不足的问题,熬夜念书、玩电玩、沉迷网络而牺牲睡眠,不良习惯让很多父母苦恼又担心。

有一些慈济青年精进又用心,发起"晨钟起,熏法香"运动,那就是,每日清晨五点半收看大爱电视台的"静思晨语"。如今已有十多个国家的慈青加入,虽然各地有时差,在台湾地区的慈青算出海外收看此节目的时间,以电话提醒海外慈青早起聆法。

几位慈青坦言,早起实在不容易。因为现在年轻人常因为迷"网"而"早睡晚起"——熬夜沉迷网络,凌晨一两点才睡;八九点起床赶上课。自从响应"晨钟起,熏法香"运动,清晨五点起床,晚上必须在十一点前就寝,睡足六个小时,也是精神饱满;改变日夜颠倒的习惯,恢复规律作息。

　　他们说,以前常觉得时间不够用,现在早起闻法香、分享心得后,还有时间温习功课,或为一天的工作做准备;遇到烦恼或碰到他人给予不好的脸色,因为心中有法,就能不计较、宽心以待,因此结了很多好缘。

　　一位美国慈青发愿响应,但回到美国后很后悔,认为自己不可能那么早起,特别是冬天很冷,温暖被窝诱惑力很强;不过,当他想到证严上人说过:"只要有心,就可以冲破难关",于是毅然把被子掀开,赶紧起床。

　　开始加入"晨钟起,熏法香"后,他进一步感觉到,每次回台湾,队伍浩荡长,想要亲近上人并不容易;现在每天早上坐在电脑前看"静思晨语",就如同与上人单独谈心一般,很欢喜也很满足。

　　此一精进运动的发起人在台湾中部,上人鼓励大家要用心深入,让这个运动从台湾中部起源,进而普遍到全球各地,也能改变现在年轻孩子开夜车、彻夜流连网咖、沉迷电玩的不良习惯。

【心正自在】

时时好心就是时时好日;心中时时保持正念,任何时间、方位都是吉祥的。

——《静思语》第一集

一位中年妇女,泪流满面地哭诉说,婆婆要求她和先生离婚。结婚多年来,她太迷信了,花费大量金钱与时间去跑道场。"都是我不对。因为我一直很迷信。不过,这是因为我很爱我的先生和儿子,希望全家过得幸福、美满,才会常常跑道场。"她后悔表示。

她去的道场很杂乱,不仅寺院的道场,还有很多连她自己都无法分辨的道场。她也经常去问乩童、问神、卜卦、掷筊。只要人家对她说:"你今年运气不太好,要多祭拜。"她就马上祭拜,不吝惜一场祭拜花上几十万元。

有时人家又说:"今年你家有几个人需要改运,否则会很危险。"她也马上去为家人改运,一花又是几十万元。碰上各种水陆法会,她也参加做"坛主",一坛花上很多钱。

几年下来,她花钱如流水;更愚痴的是,这些钱并不是自己的。起初,她靠跟会标钱支应;后来不够用,再向别人借钱。长期累积下来,欠了一笔数目庞大的债务。当时,她总是抱着侥幸的心态,认为只要多求、多拜,家庭就会有好运,先生就会赚大钱,以后一定能还钱;没想到,最后弄到不可收拾的地步。

等债主一起向她要债时,婆婆和先生才知道这些事。她婆婆认为家里没有能力还债,只要两人离婚,债主就不会上门,于是要儿子跟她离婚。她的迷信,不但没替家里消灾解厄,反而导致美满家庭濒临破碎。

证严上人曾经提醒大家,人若不迷信,则"运被命转";若迷信,"命就被运转了"。因为一切唯心造,"只要方向正确、心正气盛,邪就无法入侵;若心虚就会生疑、产生幻觉,终至身心受害。所以,若是遇到困难时,要用智慧来解决问题,绝对不要迷信。"

【修福修慧】

能付出爱心就是福，能消除烦恼就是慧。

——《静思语》第一集

"修福"与"修慧"真的不是两件事。一位曾经"离开"慈济又再回归的委员，对此有深刻的体会。

过去她不认识佛法时，懵懵懂懂地过日子，浪费人生、无所事事。自从遇到慈济、体悟佛法之后，她才觉得自己的人生终于没有缴白卷，也有一分付出的光荣感，做志工做得非常高兴。不只她高兴，她的儿子、先生、公公、婆婆，也感到非常幸福，阖家一片和乐安详。

几年过去，她觉得自己进入慈济而发现佛法，应该多去听经，所以时常到其他道场听人讲经。其他道场的信徒数落她："你虽然懂了佛法，可惜却只是在慈济里打滚，这样你只是在修福而已，缺少修慧，你要好好利用时间修智慧。人身难得，你这一生若是不赶快求得解脱，往生西方极乐世界，将会再到人间轮回。"

她听了之后,感到非常惶恐,后来又有人告诉她:"人间就是五浊恶世,在五浊恶世的人不断地造业,你今生很有福报,但是,若过度享受,将来会有很重的业障。"

她听了这些话之后,觉得修慧比修福更重要,从此慢慢远离慈济志工行列,到处参访道场。如此过了将近一年,她却觉得自己好惭愧、好痛苦,原来在这段时间里,她并没有增加什么智慧,反而满心烦恼,失去了开始做慈济工作的快乐,也失去了家庭的和乐。

她先生也对她说:"太太,你做慈济志工的时候,我感到家庭有一股温暖的气氛。虽然我每天忙着到公司上班,但是当我从公司回来,看到你利用空闲的时间处理照顾户资料,而且你能说些照顾户的凄惨情景给我听,使我在无形中兴起同情心及温馨的感觉。

"但是最近一年来,这些话题都听不见了!因为你已经没有再去看照顾户了,你似乎不再为慈济用心了。没有幸福的家庭来鼓励我们,也没有濒临破碎边缘的夫妻来鞭策我们,所以我觉得我们家的那分幸福感好像就要消失了。太太,说真的,我觉得好惶恐喔!"

被先生这么一说,她忽然间如梦初醒!心想,真的是如此,自从离开了慈济,无形中觉得心里不踏实。说是要去求智慧,却什么知识也没得到,得到的竟是一分心烦、意乱,就像心中没有根一样。

修行佛法,若不断地说要追求开悟,则会非常痛苦。因为佛法是刻意追求不到的;求而不能得就会痛苦、烦恼。若能谨守本分,只为人人,不为自己;只为众生,不为个人,则时时刻刻都会非常欢喜,常常可以在生活中找到一分宝藏。

【忏悔】

忏悔是心灵的告白,也是精神污染的大扫除。

——《静思语》第一集

慈济人要克己,克服自己的心欲、克服自己的习气,不能相互计较,或总是要求别人包容自己的坏脾气;若是被人以不好的声色对待,也要运用"知足、感恩、善解、包容"的四神汤,自我转心念。

高雄一位资深志工林师兄,早期非常投入,但后来,组队重新编整,落实小组关怀,师兄一时无法接受,认为许多委员都是自己带出来的,不能分开,于是负气不再参与慈济活动,但仍然照顾会员、收功德款。

近年来,证严上人叮嘱同区慈济人再把他"爱"回来。师兄、师姊非常用心,这位可爱的老人家,真的渐渐被爱回来了。有一日,林师兄夫妻俩在大众面前,拿着两支"爱的小手",上台忏悔,忏悔自己离开上人三千六百日,并且跪在上人面前,请师父将"爱的小手"轻轻拿起，重重予以"棒喝"，表示自己要重回轨道，好好跟随上人。

林师兄与大家分享，离开的十年间，心里也很折腾，他实在很爱这个团体，也很爱上人。他深感抱歉，也深感后悔。人生最大的惩罚就是后悔，不需要师父的棒喝，这十年内心的自我折磨，就够他受了。

要成长慧命，就要在人群中历练。上人曾指出，在大团体中，人人要自我修养，否则习气不改，易与人起磨擦。磨人的人像粗石，磨后会损伤；别人受磨，如果能心宽大度以待，受磨的宝石会愈磨愈亮，所以要自我警觉，展开心胸，多多包容。

慈济永远没有退休的人，除非年纪大了，身体状况实在没有办法做事了，其他慈济人也要去关心他、爱他。觉得自己还可以做，就要发挥功能，将此生运用得淋漓尽致。

多结一分好缘，就多长一分慧命。

【下定决心】

任何事都是从一个决心、一粒种子开始。

——《静思语》第一集

　　是凡人,难免有受到诱惑、养成不良习惯的时候,重要的是,能否有智慧及时从陷溺中戒除瘾头,还给自己一个清净光明的人生。

　　台北一位黄师兄,原本苦于儿子整天玩电脑游戏,他想亲自尝试后,或许可以用同理心劝阻孩子。没想到,一玩之下,他自己却沉迷虚拟世界一年多,甚至玩到废寝忘食的地步。

　　沉迷网络世界之前,黄师兄曾在一九九九年的九二一大地震之后,受邀到灾区救援帮忙。当时凌晨三点半就要出发集合,天冷又下雨,他一面骑车、一面想:"真是吃饱没事做,自找麻烦。"于是转头回家,但他心中又很矛盾,一番挣扎后还是决定前往南投。一下车,师姊立刻端来热稀饭,稀饭的热度暖到心底。自此，他投入志工行列，参与大爱屋兴建、到大林慈济医院铺设连锁砖、花莲的中小学工程，都可以看到他欢喜流汗的投入身影。

虽然做得很欢喜，黄师兄却没有改掉抽烟的坏习惯。有一次看到证严上人在电视上说："做人这么没志气，被短短的一根烟控制住……"他下决心戒烟，一次就戒烟成功，终于受证慈诚。

戒除烟瘾却陷于网络游戏，不只家人规劝，大家也设法拉他一把。一位萧师兄极力邀他学剪辑，将使用电脑的功能，从虚耗光阴于网络游戏，转为贡献良能。当黄师兄在剪辑慈济人文影像时，觉得自己好像为每一部影片注入新生命，而且其中每个人故事都不同，他全心投入，欲罢不能。

母亲与妻子看到黄师兄的改变，陆续投入慈济志工行列；家里的店面也成为慈济环保站，带动社区回收。

网络游戏是兴趣，摄影剪辑也是兴趣，黄师兄一念用心，用在正确的方向，不但戒除吸烟的坏习惯，也将沉迷的兴趣转为正向的兴趣。难怪上人说："觉与迷只在一念之间，对错只隔一线，我们要用智慧选择，要用心在人们真正需要的地方。"

【智信与迷信】

无信与迷信二者,宁愿"无信",也不要"迷信";信必须智信。

——《静思语》第一集

农历七月俗称"鬼月",按照以往民间信仰的习俗,七月有很多禁忌,有很多日子要拜拜。许多家庭总是准备很多供品,包括丰盛的牲礼、水果等,并且要烧许多纸钱,因为大家相信,纸钱烧得愈多,祖先及好兄弟愈高兴,我们受到的庇佑也会愈多。但事实上,他们真的拿得到吗?令人置疑。

大量焚烧纸钱不仅浪费金钱,更会造成空气污染,让空气品质受到莫大的破坏!在生活及知识水准都愈来愈高的时代,每个人都应当具备"抢救地球"的意识,尽管只是日常生活中的一个举手之劳,都能为地球更添一分美妙。

许多人加入慈济后,逐渐了解"普度"的真正含意,现在都改以清香素果祭拜,用心香、德香敬拜祖先,不烧纸钱,也不拜牲礼。虔诚、斋戒、年年增福,用烧纸钱的费用来布施,这也是行善。

一个观念一分心。但是,如果家中有老人家,不烧纸钱、不拜牲礼的看法与他们几十年来的习惯相违背,该怎么办呢?曾碰到类似困扰的一位志工分享心得,"我不和长辈起正面冲突,而是用柔和的话语劝导。"

她说,证严上人曾经教诲大家,遇到被人障碍的情况,要先自我检讨是否有不对之处。若省思之后,认为自己是对的,就认真做自己该做的事,并且脚步要踏得更稳,方向要调得更精准。

换句话说,我们行事不要太在意障碍我们的人,也不要与他们起争执,若是太在意或起争执,这也是一种"我执"。若时时存着大爱无私之心,时时想着要为大众做事,就能用智慧挣脱烦恼。

在这位志工多年的柔和劝说,并且带着婆婆参与慈济活动后,婆婆如今已完全了解"普度"的真意,认同以清香素果取代牲礼祭拜,加入爱护地球的行列。

【去贪就简】

去贪就简,可使心灵得到无比的宁静和解脱。

——《静思语》第一集

不时有愁苦的人哭诉说,自己被人倒债倒了好多钱。有人则怨叹,会钱都快缴完了,却被人恶性倒会!对于这样处境的人,证严上人常会祝福恭喜他们,这些心里很苦的人,纳闷又不解。

为什么上人要祝福恭喜呢?因为,从佛法来说,我们被人倒债,反而能心无挂碍,心无挂碍,就无有恐怖,无有恐怖就远离颠倒梦想,因此值得恭喜。相反的,如果换成我们倒别人的钱,将会使内心大为挂碍,烦恼压力一定会很重。

只不过,辛苦赚来的钱,无端端付诸流水,不甘愿的心情实在很难排解。不妨让我们换个角度想,赚到这些钱之前,日子也一样过得很好,就把那些钱当作不存在吧!说不定有一天,对方忽然会捧着钱归还,到时候有如福从天降一般,不是值得恭喜吗?患得患失,是我们的凡夫心,学佛就是要培养一分洒脱,无得失心,对任何事不挂碍,不存疑。

【自觉与自性】

佛陀在人间,无非是要教导众生自觉与佛同等的智慧,也要教导众生与佛有同样的自性,都能修持慈悲与智慧。

——《静思语》第一集

慈济有四大志业,大学教育是其中之一,在决定慈济大学的校址时,曾有一段故事。当时的花莲县长到精舍拜访证严上人,列举了三块土地询问上人意见,其中一块土地在鲤鱼潭附近,风景秀丽,总共近百甲。

有一天,上人绕了鲤鱼潭一圈,看看那些山和那清澈的潭水,实在是念书的好地方。不过上人看了之后,表示这个地方用不得。委员们大惑不解,以为上人不喜欢那个地方。上人却回答:"我太喜欢了,就是因为我太喜欢它,所以不忍心占有它、破坏它!因为我一向呼吁国人爱国土,保护环境,既然我们生长在这个国家,就应该爱这个国家的每一寸土地。我们生活在空气中,就应该要去爱这个清新自然的空气,让它保持自然。"

那是一块山坡地,如果要利用它,就必须砍伐、挖土,不免破坏了纯朴的湖光山色。而且,国土要安全,就必须做好水土保持,要做好水土保持就不能乱砍树林,最好让它保持原始的森林,如此才能保持自然生态的清新环境。上人实在不忍心去爱——占有这块土地。

有人说:"师父,很奇怪呢!这么一大片的土地,要提出给您建大学,您却不要,以后会不会后悔啊!"但为了爱,为了真净的大爱,上人表示:"我不该贪啊!真净的爱是付出,而不是占有——贪爱。"

许多人都认为只要自己能得到就好,很少深思拥有的意义,但既然身为佛教徒,就要时时刻刻抱着爱国家、爱土地、爱环境的心态,千万不要执著于一时的贪爱。

【信心、毅力、勇气】

信心、毅力、勇气三者具备,则天下没有做不成的事。

——《静思语》第一集

有正确的生命航向,在人生舞台上,无论是多么不起眼的小人物,也能显发他们的信心愿力,令人佩服。美国圣地亚哥环保志工林师姊的故事,证明人生方向只要掌得稳,环境再恶劣、路途再坎坷,总有改变的时刻。

她在十三岁时离家学美发,到台南美军福利社理发部工作,十八岁时与一美籍军官交往,因怀孕而结婚,之后追随丈夫定居美国。不料,婚前体贴的丈夫变得酗酒又暴躁,她为了孩子万般吞忍,但让她伤心的是,三个儿子长大也不学好。长子好不容易迷途知返,次子在监狱服刑,幺子则曾交坏朋友吸毒,前几年回台湾学修车,交给她的弟弟照顾。

远嫁到异国生活,刻苦谋生,丈夫又无法善待自己,但林师姊始终坚持传统妇女的美德,认为丈夫当初是自己选择的,再苦还是要忍耐着守护家庭,相信丈夫总有一天会改变。

前几年,她的丈夫罹患癌症陷入惶恐,接受化疗同时,也在林师姊鼓励下做环保当运动。慈济人以团体的力量带动他,让他即使身体不适,仍咬紧牙关做回收,愈做愈健康。如今,他的脾气改了,酒也戒了,完全放下以前军官的身段,全心做环保回收。最令人敬佩的是林师姊的信、愿、行,虽然没有显赫的家世地位,也没有高学历,在其坎坷的人生道路上,展现的忍耐力与信心宏愿,却是许多在社会上有地位、有成就者难以做到的。

"人世间,并非事业大者才有大力量,关键在于心力有多大,才有多大的力量;有愿、有福,就有力。"证严上人提醒,有一分愿力,还要身体力行,否则只是口头上能说善道,受了一点利益诱惑,或是稍微遭遇困难就动摇心志,能说不能行。知道人生无常,把握对的方向,努力去做,才是智慧人生。

【勇于承担】

勇于承担,是一分动人的力量;勇于承担错误,则是一种高尚的品格。

——《静思语》第一集

许多人在接触慈济之前,人生过得懵懵颠倒,进入慈济后却一改往昔不良习性,重建幸福美满的家庭,并且以自己的影响力去影响亲友的家庭。

有位林师兄,未加入慈济以前,嗜赌如命,曾经在聚赌时,碰上警察来捉赌,他翻越围墙逃逸而不小心跌入鱼池中,爬起来后,顾不得浑身湿透,竟又再去找个赌局继续赌。沉迷的程度,可说是"夜以继日"。

他的儿子都受过高等教育,在社会上也颇有地位名望,他每遇无钱偿还赌债时,就先开支票给对方,然后要儿子或太太去还钱。这种情形一再发生,妻儿们忍无可忍,有一阵子赶他出家门,他变成一个无家可归的流浪汉。有位慈济志工知道了这种情形,就很用心、很有智慧地问他:"要不要去花莲游览?"他心想:去玩玩也不错。就跟人到了花莲。

走到静思精舍外的步道上时,他感到很奇怪,为什么大家要边走边跪拜呢?因为他当时根本不了解什么叫做"朝山",只觉得不可思议。等进入精舍后,他问别人:"晚上要住哪个饭店?"别人回答他:"哪有饭店可住,就是住在这儿。"结果他干脆跑到外面住,并且去找赌场,直到隔天下午两点多才回到精舍。

那时证严上人正在讲话,他坐下来听。听到三点多,竟开始擦眼泪——他觉得师父每句话都是在骂他。那天,上人的每句话都深深刺入他的内心,他的眼泪再也停不下来。哭到上人讲完话时,他已经下定决心:"从今天开始,我一定要改。"

如今,他已经拥有一万个以上的会员,言行举止端正合宜,家庭当然变得非常和睦,非但妻子欢喜赞叹他,四个儿子也以他为荣,甚至为了让孙子们学习阿公的好榜样,四个小家庭全部搬回家与父母同住。

因为自我净化,他改善了自己的家庭,并且透过这一番亲身的体会和转变,再去影响一万多个会员的家庭,这就是慈济志工净化人心,贡献社会的最佳见证。

【以他人为鉴】

把他人拿来作自己的镜子,看到优点可以自我鞭策,看到缺点则自我反省。

——《静思语》第二集

原本是平凡家庭主妇的王师姊,先生脾气暴躁,让她的婚姻生活并不如意。成为慈济人后,师姊转变了自己的心念,进而发挥专长,将废物变成巧艺,用好话与大众结缘,无形中也改变了先生的坏脾气。

在一个偶然的机会,她坐车时看到一位慈济师姊,师姊的形象、态度吸引了她,于是趋前询问,表示自己也很想参加慈济,从此就投入了志业。

王师姊做巧艺志工,需要自费购买材料,但她只是一个家庭主妇,所以只能从节省买菜钱来累积。起初看到太太参加慈济,先生很不高兴,然而她不改初衷,仍然在照料家庭的闲暇投入慈济志业。先生看到太太变得温柔多了,每天看她做出一张张精美的静思语书签,长期受到静思语好话的滋润,也在心中起了良善的影响,不但认同太太做慈济,也改变了自己的个性。以前,王师姊的先生常常出门就与人起冲突,面容形象有如阿修罗;受到好话的熏陶,这样的人生渐渐转变,如今先生经常笑容满面,也有"菩萨脸"。

王师姊用爱心转变自己的命运,因为自己的付出,影响了原本暴躁的先生,家庭气氛柔和了,也转变了自己的命运。

证严上人开示,美姿、美态都是从内心表达出来的。人人自我调适,展现出整体之美,都是出于那一分美的心态,这就是人文,就是人品典范,随处都能展现身教。就像王师姊当初在车上只是见到慈济人,就自动表达加入人间菩萨行列的意愿;不一定要讲说大篇道理,只要在慈济人的身上,就能让人读到慈济人的真善美,这也是慈济人平日点滴付出所累积而出的美好形象。

以善为宝

【人有无限可能】

不要小看自己,因为人有无限可能。

——《静思语》第二集

曾经有一个八岁的小女孩,因为听妈妈说慈济要做大陆赈灾,就表示她愿意在暑假打工帮助证严上人。于是,她就和一位卖豆花的阿姨说:"阿姨,我到你店里打工,好不好?"

阿姨觉得这个小孩很可爱,就答应了她,并且说:"你要很勤快喔,如果做得好,我一天给你一百元。"小女孩点点头,却再提出请求,要阿姨每卖出一碗豆花,就在扑满里投一块钱,帮助慈济做大陆赈灾。阿姨听了很受感动,也就欣然同意。

暑假即将结束时,小女孩一手提着豆花,一手拿着一个纸盒,腰上系着一个腰包,就这样和妈妈去拜见上人。一见到上人,小女孩顶礼之后,就捧上豆花说:"这是豆花,是要供养师公的。"接着拿起了纸盒,里面是每卖一碗豆花捐一块钱的扑满;然后,她卸下腰包,双手奉上,并恭敬地说:"这是我的工资,要捐给师公做大陆赈灾!"

这个孩子的工资有四千五百元,也就是她足足打了四十五天的工!另外的零钱也有一千八百多元,原来她在这四十五天里,舀了一千八百多碗的豆花!八岁的她全数捐出来,这么真诚,多么让人感佩!

这就是赤子之心,天真纯洁而善良,小菩萨的爱心真是值得很多大人效法。

【一言为重】

一言为重，千言无用。言重则信重，信重则有大用。

——《静思语》第一集

高雄旗津中洲里的环保志业，是从一株大榕树下做起的。其中，两位纯朴老人家鳗伯与发伯，守友谊、重然诺、守孝道，并忠于环保工作的故事，实在令人感动。

十多年前，鳗伯就已开始做环保。起初没有场地，大榕树下就成了据点。发伯与鳗伯则是从小一起长大的朋友，发伯小学毕业后，以捕鱼维生，直到年岁渐长，体力渐差，只好卖掉小渔船，靠打零工、拾荒维生。有次发伯拾荒时偶遇鳗伯，在鳗伯的牵引之下，两人就一起做环保。

两位都是个性直爽的渔人性格，常常为了如何分类吵架，但转头又和好如初，继续做环保。之后，鳗伯因肺癌缠绵病榻，担心中洲环保点会因为自己倒下后无法持续运作,流着泪对探病的发伯说:"中洲环保点以后要靠你了,不然就会没了。"这番话让发伯决定全心投入。

鳗伯往生后,守信的发伯一边照顾高龄九十二岁的母亲,一边利用时间做环保。每天清晨四、五点他骑上绑着大篮子的脚踏车,前往旗津海产街,沿街捡拾餐厅门口的纸箱和瓶罐回到中洲环保点,下班后再继续做。周六环保日和三四十位志工一起分类打包,再由志工载回小港环保站。

发伯不但信守承诺,对于家中的老母亲,更恪尽孝道,每天亲自照顾,不假他人之手。一天劳碌过后,晚间六七点就回家侍奉母亲,喂食、清理妈妈的身体等等,用心照顾,让老妈妈即使长年卧床,亦是干净无褥疮。发伯兼顾行善、行孝,且将之视为本分事。

纯朴的渔村,感人的友谊传承,鳗伯守护中洲环保点,再托付发伯传续环保工作,因此证严上人称许,老菩萨们很单纯,吸收师父所说的道理,就认真做,道心很坚固。这些可爱的老人家,耐劳耐怨,疼惜土地,他们真的是大家的榜样。

【人生的创造者】

若能从物质的爱欲中跳脱出来,心自然天广地阔,无限丰饶。

——《静思语》第一集

一位台北的师姊,年轻又富有,生活没有任何压力,也没有目标,每天就是逛街、喝咖啡或跳舞,但是她还是不满足。直到踏入慈济之后,她才真正体会到什么是快乐的人生。

她曾经向大众说,以前每天早上一起床,打开衣橱,总是觉得找不到适合的衣服可穿,因此她就出门去买衣服了!今天看这件衣服漂亮买下来,隔天,又觉得少了一件,天天开衣橱,总是天天少一件。

她与先生常常出国,到了钻石产地,就要先生买一个五克拉钻戒送给她,戴在手上亮晶晶,觉得这个钻戒还不错。回到台湾,与朋友一比,又觉得这颗钻石并不比别人大,因为在这群"朋友"中,每天谈的不外是这件衣服在巴黎买的、在东京买的……这颗钻戒是十克拉,多少克拉……她觉得好辛苦喔!

　　直到进入慈济之后,随着委员去看照顾户,常常听证严上人的开示,她觉悟了,她想:"原来我的生活已够幸福了,单单坐一次咖啡厅的钱,就足够让照顾户生活一个月还有余,原来我过去的生活太折福了,我实在应该惜福。"

　　什么样的人最美?什么样的衣服穿在身上最漂亮?上人曾开示,最美的面孔就是带着微笑,微笑是世界共通的语言,也是爱的表现。什么样的衣服最漂亮、最有气质?就是柔和忍辱衣。一个女人必须把自己训练得柔和,轻声细语、温颜和悦,这分柔和再加上面带微笑,比穿着漂亮的衣服还要漂亮。

　　这位师姊半信半疑,决定试试看。

　　当先生回家时,她面带微笑地嘘寒问暖;当先生发脾气时,她仍然柔和细语。如此,她发现了柔声悦色的作用,竟然有这么大的力量,深深体会到,这才是人生最大的魅力啊!

【发恒常心】

要做菩萨,就要发恒常心。菩萨决不把"付出"当成苦事,而是抱持游戏人间的欢喜心去付出。

——《静思语》第二集

　　许多慈济人从事关怀工作时,身处苦难烦恼的众生群中,能够维持道心,坚持不辍,必须克服一般人想象不到的考验与磨练。屏东慈济人关怀李女士的故事,堪称典范。

　　李女士是河北省人,十几年前再嫁来到台湾,丈夫是比她大二十多岁的荣民。起初,李女士当看护补贴家计,薪水全交给丈夫管理,来台也未生育子女。后来,她罹患子宫颈癌开刀,隔年又陆续发现多重罕见疾病和心脏病,年迈的丈夫受不了照顾病人的辛苦,离家不归。

　　多重疾病在身的她随时会无预警休克,必须配戴生命感应器,让警局随时掌握病情。经过提报,慈济先予急难补助,再列入照顾户,除了济助生活,也密集关怀,每隔一天就有两人轮流探访,长达一年。

李女士内心充满怨恨,夜夜难眠,一度想寻死。身心皆苦的她脾气不好,经常在前一天大骂志工,隔天又落泪忏悔。志工师姊说:"有时听到对方不好的言语相向,回家都会很伤心。但是我们只要心念坚定,受伤时,自己'肤一肤',再继续勇敢做下去。"

大爱电视台记者在志工带领下前往记录此个案,走到家门口,志工回头说:"忘了告诉你们,她可能会骂人。"记者问:"那为什么还来?"志工回答:"被骂习惯了,忘记她的坏脾气了……"

志工师姊经常邀请李女士参加慈济活动,慢慢的念转、境转,病情也好转,她已从卧床进而到可坐轮椅去市场购买生活用品。李女士觉得自己的心里好像亮了起来、宽了起来!而志工也为她的改变感到欢喜。这不是一个人的力量,是慈济志工们合心协力而成的。

李女士在大陆原本能有安稳的生活,却在业力牵引下来到台湾,嫁给比她大二十岁的老荣民,辛苦工作还无法运用自己所赚的工资;除了生活困苦,接下来的病痛更苦,又遭先生遗弃,难免内心埋怨、郁闷。

虽因环境受种种折磨,所幸她的生命中也有贵人,像是员警与社工的帮助,慈济人更是让她骂不退的菩萨。经过爱的辅导,她已经开始能自己站起来了;她会跟着慈济人去看贫苦的个案、参与活动,就像是在做复健,既是肢体复健,更是心灵复健。现在她不再骂人了,"感恩"成了口头禅。

而几位师姊在人群中磨练出坚定的道心,心怀感恩的她们,不但不埋怨,反而心美人更美了。

【天堂和地狱】

天堂和地狱,都是由心和行为所造作。我们不要怕地狱,要怕的是心的偏向。

——《静思语》第一集

四川大地震后,两个月内有上千人次慈济志工跨越山、海,轻轻柔柔地踏上受伤的土地,以深深的爱抚慰一颗颗破碎心灵。在自助人助下,灾区满目疮痍的景象渐渐改观,展现安顿、安心的新气象。

除了义诊、供餐,慈济援建的什邡市洛水镇灵杰中学简易教室很快就启用了;崭新的桌椅、明亮的空间,让孩子们恢复课业。当简易教室、简易佛寺陆续完工,慈济紧接着为受灾民众规划永久住房和学校希望工程,展开下一阶段的复建。

大灾难让人见证人性本善。几位老太太背着三十公斤的白米,走了三小时路,来到慈济热食站表示要捐赠。而小朋友也成熟、懂事地担任义诊小志工,承担送病历、翻译,以及引路的责任。他们跟着义诊团的医师走进帐棚,除了翻译,也协助整理药箱,还学着做小助理,为病患拆绷带、拿棉花棒消毒等。

小小年纪的他们,也知道怎样开导乡亲身心伤痛。两位小志工看见一对父母沉浸在丧子悲痛中,决定认他们当干爹干妈;最让这对夫妻惊讶的是,他们往生的孩子叫张睿,这两位小志工一个叫张虎、一个叫侯睿,姓名合起来竟是"张睿";因缘实在奇妙啊!

每个人心中都有一颗善种子,只要有合适的阳光、水分和土壤,就会萌芽茁壮。相信假以时日,这些爱心满满的小志工,都将是社会未来的希望。

在绵竹县汉旺镇居家关怀时,志工看到一位老爷爷的帐棚里有很多大蚊子,赶紧回服务站找一顶蚊帐送过去。爷爷正在睡觉,大志工、小志工们七手八脚、小心翼翼地将爷爷罩在蚊帐里;相信爷爷醒来,一定以为在作梦!

如果普天下人人开阔心胸,不只"亲其亲、子其子",能视天下苍生为至亲——把别人的父母当成自己的父母来尊重,把别人的孩子当成自己的孩子来爱护;人人心如太虚、身如大地,相信天下众生能普遍得安乐。

【佛陀的教育】

佛陀的教育不只教我们如何了生脱死,更教我们如何包容人,不与人计较。

——《静思语》第一集

有位企业家学佛多年,有能力做大布施。不过,听到有人往生,他却从来不敢走进丧家,因为他对死亡有很深的恐惧感。慈济委员找他当志工,刚开始,他也很怕走到病房里。慈济人就一步步陪着他,引导他为病人刮胡子、擦身、剃发,让他渐渐习惯为病人服务。有一天,他很高兴地说:"我已经突破心理障碍了。"

这位企业家果然可以从容地为病人服务,甚至还可以带领新的志工。不过,当慈济人邀请他为一位捐出大体的往生者助念时,这位企业家非常犹豫地说:"喔,解剖的样子,我看了会怕!"大家鼓励他:"别怕,你看了就能知道生命的奥秘,了解什么是生命的真谛。"

他很勉强地去为那位往生者助念。刚开始,他站得远远的不敢看,闭着眼睛念佛。念到后来,觉得很轻安自在,慈济人请他再靠近一点,于是他勇敢地更接近亡者的身边,看着医师一刀刀切下去,慢慢解剖尸体,取出器官。在这个过程中,这位企业家忽然了悟生死,之前的恐惧消失了,深感到人生其实也没有什么好挂碍的,没有什么值得担忧的。

　　曾经对生命感到惶惑不解,甚至得过忧郁症的他,就这样豁然开朗,远离忧惧。证严上人曾开示,大多数人最放不下的就是生死问题,死亡其实并没有什么可怕。就像我们累了要休息、睡觉一样,死亡只是身体的长眠。人生要尽量在活着的时候发挥使用权,用到不能用的时候,就应该"放下",如此就可以有一个无悔的生命之旅。

【保持开朗的心念】

人的心念意境,如能时常保持开朗清明,则展现于周遭的环境,都将是美而善的。

——《静思语》第一集

有一位在山上种很多龙眼树的断掌阿嬷,她虽然白天要照顾果园,但还利用天未亮或夜晚时去做环保。阿嬷做环保的起因,是因为女儿常常向她提起慈济在做的事,有一次还对她说:"证严师父在呼吁做资源回收。"

"为什么要资源回收?"

"可以减少垃圾,而且回收资源变卖的钱又可以拿去救人。虽然金额不是很多,不过大家都出一分力量,就很多了。"

阿嬷听了很认同,就开始去捡回收物,有人问:"你缺了一只手掌,也要跟人家做吗?"

"有什么关系?反正有做就有钱。"

人家又问:"收这些可以卖多少钱?"

她回答:"多少钱都没关系,大家一起出力,否则,难道慈济会自己生钱吗?"

这种草根的智慧,令人好感动,因为她诚恳的付出,也感动了邻居跟着做环保。有时捡到纸箱,她不但要压平,还要捆绑好。问她:"你缺了一只手掌,捆绑东西会不会很吃力?"

"不要紧,我还有两只脚,踩一踩就好。"她同样能把纸箱叠得整整齐齐。

她做环保做得非常俐落,丝毫不输双手健全的人。她运用心灵的智慧之手,发挥良能,不只是做环保,邻居有很多孤单的老人家,她还会去帮忙照顾。这种爱,哪怕是肢体有残缺,却是心灵完整的"好手"。

【智慧与聪明】

聪明的人得失心重,有智慧的人则勇于舍得。

——《静思语》第一集

在慈济中有很多令人感动的"舍",老人家、年轻人、小孩子,个个都能欢喜地舍。

一位九十几岁的老太太,她的孙子从美国回来,他在美国就已听过慈济,但认为学佛只要念佛、研究经典就好,为什么还要做社会工作呢?于是,他很好奇地拜访慈济,结果却被证严上人的人生宗旨与处事的世间法说服了,当下皈依,并请了一部上人讲解的地藏经回去给祖母听。这是他的一分孝心,因为他觉得自己到现在才真正体会出做人的方向和目标,自己的心已经完全解脱得救了,所以希望祖母在世时能得闻佛法。

他说:"祖母这辈子都没快乐过,我要给祖母得到最大的快乐,所以把地藏经的录音带拿回去给她听。"隔了一段时间他再回家时,发现祖母已把地藏经听完了。祖母牵着他的手说："奶奶没有白疼你，小时候是奶奶抚养你长大，现在我老了，变成孙子带奶奶走路了。"

她又说："本来我要留一些'手尾钱'给你，但是你已经听过师父的法，我再留这些东西给你，对你而言已经没什么意义了，我要拜托你把这些东西交给师父。"

老人家已经失明了，只见她扶着墙壁，慢慢地走到神桌前面，把香炉捧下来，然后拔掉香柱，用手在香炉中一直搅，结果摸出一包包的东西来。那是老人家存了一辈子的金戒指、手链、项链。

她把这些首饰拿出来擦一擦，交给孙子说："拜托你把这些东西交给师父，师父说这些都是破铜烂铁，把这些破铜烂铁交给师父换砖块吧！我已经想通了，要把这些东西捐给师父建医院，救更多人。"

据孩子说，祖母从那个时候开始，每天都很欢喜地过日子，她认为盖医院她参与到了，所以很有信心地说她得救了。因为她曾亲手布施，几年来，她天天都过着安详的日子，后来以九十六岁的高龄往生，往生时脸上带着安详的笑容。

喜舍得欢喜，老人家是最好的示范。

【心量开阔】

知足的人,心量开阔;心量开阔,对人对事就不会计较。

——《静思语》第二集

　　这是让慈济志工深深感动的一则个案故事。原来,年纪、贫富、教育水平,都和修行的智慧无关,重要的是,一颗清净知足的心啊!

　　她是一位二十四岁的年轻太太,在十四岁时,有一位弱智的男生抱着一大束玫瑰花,跪在她家门口不起来。她觉得疑惑,出来问他到底要做什么?没想到这位男生跪着把花送给她,很诚恳地说:"求求你当我的老婆好不好?"女孩被他憨直的诚意感动,就接受了玫瑰花,说:"好吧! 就当你的老婆!"

　　两个年轻人的父亲是好朋友,既然孩子们彼此有意,就成全了他们。

　　女孩未入夫家时,婆婆就中风了,她很有志气,嫁过去后勇于承担家庭责任,将婆婆照顾得很好,婆婆十多年来从未有过褥疮。后来,公公年纪老了,慢慢有了失智症,她还是善尽媳妇的本分,将公公照顾得很周全。她与先生育养三个小孩,一家很和睦。志工问她生活还过得去吗?她回答:"只要我的家人都会笑,虽然贫穷一点,没米可吃,喝水也会甜。"

志工看她家境虽然不是很好,一家包括公婆住在狭小房子里,但全家人脸上都是笑容,觉得她很了不起,能把全家照顾得这么好,而且心态非常乐观,毫无怨言。

证严上人曾开示:"知足者,心常乐。"人若知足,睡在地板也如身处天堂;如果心不知足,即使住在天堂也是烦恼不堪。如果世上人人都有知足的心,人与人之间就没什么好计较的,家庭、社会自然也会一片祥和。

【有心有福】

有心就有福,有愿就有力。

——《静思语》第一集

　　七十一岁,不算老。

　　当人家问陈师姊几岁时,她都说:"没多少啦!只有十七岁而已!"她很活泼,有一次,她去医院当四天志工,把志工的功能发挥得很好;发表志工心得时,让大家哄堂大笑,人人听得很欢喜。

　　她说,有一位受伤的年轻人,因为忍不住痛,每天呻吟不停,即便医护人员请他安静下来,整座医院仍然都听得到他的唉叫声。这天,师姊和孙子一起当志工,她推着一张病床,而孙子正好推着那个受伤的年轻人,祖孙两人在楼梯口碰面了,孙子开口叫:"阿嬷!"从楼下哀嚎到楼上的那位年轻人,突然停止了叫声。原来,这位忍不住痛的年轻人,一听到连"阿嬷"都来当志工,感到不好意思,再也叫喊不出声来了!

　　趁着这个机会,她和年轻人聊起来了,她告诉他做志工的种种事情,以及如何辅导别人。此后,年轻人终于安静下来,化苦脸为笑容,每一天看起来都很快乐,痛得很甘愿。

当她在复健室时,面对另一位十八岁的青年,因为发生车祸必须复健,妈妈一直陪在身边照顾他。这位青年刚开始的复健工作,必须练习用手指的力量去捏一张纸,但不管妈妈怎么劝导,他都不肯动手。

陈师姊看了,对忧心的妈妈说:"来,交给我!"便开始和这个青年聊起来,软硬兼施,结果这个孩子乖乖地做了——母子和陈师姊三人,一起玩捏纸的游戏,做得皆大欢喜,那个孩子也因此对自己重新燃起信心。像这样一位病患心灵上的"复健师",可能只有在慈济医院才找得到。

每个人都会老,功能也会慢慢消失,而佛法讲求慧命,智慧的生命是永远都不老的,它的功能也永远不会消失。所以,为人群付出的人,愈付出会愈年轻,人生慧命愈发挥就会愈增长。

【心无怖畏】

行菩萨道,要经常接受考验。遇到困难与危险时,要学佛陀大无畏、大勇猛的精进精神,心无怖畏、志不退缩,不断向前迈进。

——《静思语》第二集

许多年前,华航在绵绵细雨的春天晚上,发生大园空难。

空难的时间是晚上八点半,桃园慈济志工正好聚在一起共修,忽然看到媒体的消息,他们马上求证,确定属实,立刻就有八十多位志工赶到现场,接着有更多慈济人陆陆续续从桃园、苗栗赶到,开始展开助念、安抚家属的工作。

当天晚上,五百多位慈济人穿梭在出事现场,所看到的都是支离破碎的尸体,散布到好几公里的地方,他们说遗体根本都不成形了,一块块地散落,人体的内脏一块块地分散……

这些散落一地的尸体,必须一块一块地捡拾,在现场帮忙收拾的人除了葬仪社的人之外,还有慈济人。连师姊们也一起帮忙拿袋子,帮忙捡破碎的遗体。这分慈悲、智慧散发出来的勇猛、毅力、勇气,真是令人佩服。

一直到隔天晚上六点多,还有二十多具尸体尚未捡好,大家商量之后,决定留下来帮忙葬仪社的人继续捡拾。葬仪社的人一直说:"你们忙一整天了,累了,先回去休息。"但是慈济人眼看频频下雨,天色渐暗,却还没有收拾完,所以他们还是留下来帮忙,一直到八点多才离开现场。

他们也与板桥慈济人联络,因为这些遗体要运到板桥的殡仪馆。而台北的慈济人马上集合在板桥殡仪馆前接应,除了助念之外,最大的目的是要安抚家属。

有人问他们:"看到这种景象,不怕吗?"他们回答:"这个时候只有心痛,不觉得害怕。"

只要心中有真诚的爱,就有一股毅力、勇气,让慈济人每次一发生什么事,都是跑第一,并且真诚、用心地投入。

　　人生无常,一天的平安就是一天的福,我们在平安中应该为人群多造福。

【有即烦恼】

人都是求"有",什么叫"有"呢?有就是烦恼。

——《静思语》第一集

"忧郁症"已与癌症、艾滋病,被公认为新世纪三大疾病之一,而世界卫生组织预测,到了西元二○二○年,忧郁症将名列全球第二大死因。

台北张师兄走出忧郁的历程,值得大家反省与警惕。张师兄孝顺又顾家,与太太自行创业经营一家小型印刷工厂。但随着生意日渐清淡,他的脑神经衰弱愈来愈严重,夫妻之间也争执不断。病发期间,他曾自杀多次,一日,太太忽然听到客厅传来异声,竟发现师兄将客厅壁扇的电线缠在脖子上……

对症下药后,他除了配合医嘱吃药、运动、团体治疗,慈济志工更积极陪伴访视、做环保,经过九个多月治疗恢复健康,太太也开始投入环保。

张师兄庆幸自己在发病前加入慈济,数度产生轻生的念头时,也会自我提醒身为慈济人,不可做出令团体蒙羞的糊涂事。张师兄因精神疾病,自觉痛苦,其实最折磨他的人就是他自己。杀人者有罪,自杀者更是对父母不孝,罪加一等。不孝亦不义,丧失伦理道德,实在不智。

证严上人曾开示,若患病就要接受治疗,不可逃避,预防胜于治疗,平常就要培养一念开阔无欲的心,才能自爱而扩大爱,奉献于人群,故心胸开阔乃是预防心病的一帖良方。

只要有力量,就可以挑起使命,无惧外来的压力。"物资的富裕总有极限,心灵的富有是无穷尽的。"

【时日莫空过】

一个人在世间做了多少事,就等于寿命有多长,因此,必须与时日竞争,切莫使时日空过。

——《静思语》第一集

有一位环保志工老菩萨,当她发现自己得到癌症时,仍然乐观洒脱地配合医师的治疗,虽然化疗是一件很辛苦的事,不过在她的脸上看不出苦色。

化疗期间,她同样在做环保;当头发开始掉落,儿子买了假发给她,虽然戴了很热,但她还是坚持做环保。

她很自在,和所有的环保志工以及当地的社区人士都打成一片,很多人都很喜欢她、很爱她,所以有人就和她说:"如果让你识字,你就可以当记者了。"她听了也很欢喜。虽然她不认识字,一言一语都很有道理;不只说得很有智慧,她也身体力行,把生命发挥得淋漓尽致。

　　这样的人生最可爱、最亮丽,即使身体有病,仍然把握时间充分利用。有人问她:"你现在还能继续做环保吗?"她说:"只有化疗回来时要躺着休息。你知道躺着有多难过吗?很无聊,没有工作做是很辛苦的,我如果爬得起来,不让我去做环保,我会很难过。"这就是她的人生哲学。

　　如果因为生病就躺着呻吟不肯动,这是身心都有病;她的身体生病,心却没有病。人生就是这样,无处不是道场,无处不能修行。

【爱与幸福】

有力量去爱人或被爱的人,都是幸福的人。

——《静思语》第二集

慈济人在社区之中,以无私之爱与人互动,做人人的善知识,不但帮助苦难人的生活,也启发他们的爱心、智慧,真正做到身心拔苦。屏东慈济人长期关怀轻度智能障碍的小惠一家,就是如此。

当慈济人获报前往看视小惠的家庭状况,她与父母住在废弃房屋中,无水电可用;除了政府补助,爸爸帮忙扫街、拾荒,赚取微薄收入维生。妈妈精神障碍,无法教导女儿各种生活细节,但她从不让小惠饿着,带孩子在市场捡回收物,变卖所得带女儿去吃饭。

她的父亲往生后,慈济人帮母女俩搬家。接着,妈妈又罹患乳癌,术后需要化疗,送到安养院照护。就读国一*的小惠开始独居生活,当地的黄师姊经常去探望,并教导小惠做家事,也带着她一起做清洁工作,让她多与外界接触。现在小惠的家窗明几净,简单整齐。

这八年来,慈济人不断地教她、爱她,小惠虽然有轻度智能障碍,却很单纯,慈济人的爱滋润了她的心地,这一颗善良的种子在她的心中萌芽,她在特教班读书,也能去照顾重度障碍的同学;不但能独立,还可以帮助人。

小惠天天到安养院探望妈妈,吃饭时,妈妈总是要她多吃一点,她怕妈妈不够吃,两人推来推去,直到安养院工作人员再送来一盘,母女俩才欢欢喜喜一起享用。她们虽然生活贫穷,但是心灵有爱、善良,是心灵富足的有福之人;小惠还有这么多慈济的爸爸妈妈、哥哥姊姊陪伴、呵护。

人间只要有无私的大爱,也可以弥补缺憾。

---

* 即初中一年级。——简体字版编者注

【惜物爱物】

一件东西能充分使用时,就会凸显它生命价值的存在;如不加以爱护惜用而任意毁坏丢弃,就如同扼杀了它的生命。

——《静思语》第一集

慈济人不断地推动环保、落实回收分类,都是为了保护山林、土地与大海。而且不只做陆上的环保,也在推动"海洋环保"。

宜兰有一位师姊,家中从事远洋渔业,两艘大渔船每次出海要半年才能返航,必须准备许多生活用品、罐头、粮食,以备长期的海上生活。过去,船员们喝饮料、吃罐头,不论有没有吃完,总是习惯随手丢入大海。但在师姊大力倡导下,如今他们不仅不再乱扔瓶罐,还会顺便将海上的垃圾捞回来,每次的回收量十分可观,光是废电池就回收两百公斤之多!

一颗小小的电池若没有谨慎回收处理,会污染大片土地,更何况两百公斤电池的毒素,污染的是大范围的海水,鱼群吸收了毒素,人们又再食用海鱼,难怪食物中毒屡见不鲜,许多闻所未闻的罕见病症,也可能是如此恶性循环而来……

志工菩萨从陆上环保做到海上环保,这一群慈济人,就是地球的保母,是地球的呵护者、看护者、医护者,以一分使命感保护地球的健康。

"要保持地球的健康,一定要重视环保。"证严上人强调,大乾坤四大不调引起的灾祸,原因是温室效应加速全球暖化,然而追本溯源,是因为人心贪婪,不断地消费、制造污染而致气候异常。故须克己复礼、净化人心,人人克服欲念,鞭策自己克勤、克俭、克难,回归纯朴生活。

【慈悲的法喜】

舍去眼前的烦恼,才能当下拥有慈悲的法喜。

——《静思语》第二集

一位曾在婚姻中饱受委屈的师姊说:"好在我已经加入慈济,认识师父、听闻佛法!否则我现在一定不知怎么活下去!"

在她先生一无所有时,夫妻并肩携手努力;但是他事业成功后,却贪恋美色,四处留情。

师姊劝导先生要知足,不要再到外面拈花惹草,但是他依旧恶习不改。几十年来,师姊不只跟着他辛苦地工作,还要包容他的婚外情。

当他年纪七十多岁了,竟然又和一位二十多岁,比女儿更小的年轻女孩在一起,所以,师姊和姨太太们纷纷抗议了——过去的包容忍耐,总希望先生能够节制情欲,现在他却一犯再犯、贪得无厌!

师姊说:"有时我也愈想愈生气,不过,只要想起师父开示过的话,就不再跟他计较了。"

她来到慈济,为先生捐了一笔钱,她说:"他虽然会赚钱,可惜不会善用金钱,才会这么荒唐,他用的钱,只是让几个人享受物欲,又让我生气;而我为他布施做功德,让很多穷困人家因此得到温饱,所以我心里很轻安、很欢喜。同样是舍,为何不欢欢喜喜地舍呢?"

同样是舍,但是她的先生不懂得"舍"的艺术,弄得焦头烂额,左右夹攻,落得处处有家、又处处不是家,几乎没有容身之地——到这一家,别的姨太太不满意;到另一家,其他姨太太也计较得到的宠爱比较少。

虽然"金屋"处处有,但是处处多烦恼!

这位师姊心量很大又很有智慧,能够保持冷静,包容先生的荒唐行径,又知道如何善用金钱,以大舍之心悲悯受苦的人。

【欢喜心】

欢喜心是一种涵养，能令周围的人都有"如沐春风"的喜悦心。

——《静思语》第二集

有一位老太太，由于丈夫很早过世，后来与另一位有子女的男士再婚。老太太对先生百般依顺，因为他身体很不好，需要有人好好照顾。但老先生的儿子和媳妇，对老太太防卫心很重，因为父亲财产很多，他们担心阿姨会从父亲手中拿走财产。在这样的生活环境中，老太太多年来每天以泪洗面。她对老先生真情照顾，却换来全家人异样眼光的对待，她很痛苦，又舍不得离开老先生。

女儿觉得妈妈好可怜，将她引进慈济。时常听证严上人开示后，逐渐地老太太觉得自己应该培养欢喜心，既然欢喜跟随老先生，就应该欢喜地照顾他，欢喜照顾就不用怕别人如何看待自己。她看到《静思语》："要原谅一个无心伤害人的人，不能做一个轻易就被别人伤害的人。"伤害我们的人无心,如果有心去接受即不可原谅。她将眼泪擦干,开始培养欢喜心。每天照镜子,学习"笑"——一早起床就先到化妆室里学笑三分钟才出来。媳妇见她每天都在笑,就对儿子说:"妈妈现在都在作假,装得好像真的一样!"虽然她听到了,还是一样对他们笑。

经过了四个月,老先生的儿子竟然向她说:"阿姨,以前我在心灵上与您有所隔阂,但是,不知怎的,最近我一直感觉您比我的妈妈还要好,我心里有些问题,想要请问阿姨。"随即告诉他最近生意上所遇到的种种困难。老太太就将上人平常开示的告诉他们,"家庭要和睦,事业才会稳定",也说一些做人的道理给他们听。

之后,儿子和媳妇就说:"'妈妈',您应该要出来做慈济,我们会全力支持您。"儿子首先响应,媳妇也跟着响应,孙女、孙子一下子全家人全响应她,共捐了六张病床。

那天,她欢喜地上市场买菜。市场的人都问她:"你今天怎么这么的高兴?"她说:"我真的很欢喜,我现在真的出头天了!师父教我笑,我已笑出真工夫了,我儿子、媳妇、孙子……所有家里的人都响应乐捐慈济医院病床,每人一张病床。"卖菜的人说:"这么好,你以前没告诉我,所以没行动,我现在马上响应。"她提着菜篮出去,回到家时,十几张病床的钱就收了回来,那一分欢喜无法形容。

笑,是一分爱的表达。为人在世一定要努力,用月亮般柔和的光亮,照亮自己的心地、照亮家庭,甚至照亮社会。

【爱心与耐心】

不先培养"爱心"和"耐心",则佛道难成。

——《静思语》第一集

很多年前,有位委员住在三重,她有一位会员住北投,为了收会员的功德款,她每个月必须从三重花一百五十元的车钱,千里迢迢到北投去收会员的一百元功德款。因此,她想到一个"简单"又有"效率"的方法:希望将车钱以会员的名义代为捐款就好。

没想到,这个"聪明"办法,却不是证严上人的初衷。因为,委员为了收功德款花一百五十元车资,是当委员做济贫教富工作所发的菩萨心;而会员捐一百元,这是会员发心的功德,两者的功德彼此不能替代。其实,最重要的不在这一百元,而是会员的心。

所谓"有心人",不是指他捐多少钱,钱多钱少都同样出于一分真诚的爱心,慈济重视的是人心,想要劝募的不是钱而是心。上人曾言:"我也有固执的一面,小钱我不放过,大钱我不很在意。"

于是,委员明白了上人的用意,每个月仍然花一百五十元坐车去收会员的一百元。一段时间后,那位会员感到不好意思,就主动帮忙募款,最后还参加委员培训,一直到如今,这位委员在慈济发挥了很大的功能。所以,上人说的"小钱我不放过",是因为要净化人心,目的希望能启发众人爱心,共同关怀众生。

【知足的人】

知足的人，即使只有一分力量，也可以发挥一分功能，为人群奉献爱心。

——《静思语》第二集

有一天，一对穿着很简朴的夫妻由委员陪同到花莲精舍，来完成他们的心愿——想捐一辆救护车。这位先生带来八十万元，原本想请委员帮忙转交，但是委员知道他们的生活不是很富裕，不敢收。于是他又恳求委员无论如何要带他送这些钱过来。

他以前是公车司机，为了抚养四个孩子，维持家庭的生计，所以他开得比别人更卖力，绩效表现比别人高。可能是因为他的绩效高，所以有人嫉妒他、对他不满；有一天忽然有四五个人闯上公车，不分青红皂白就喊打，还拿刀伤害他。

他伤得很重，治疗好一段时间，出院后又回单位上班开公车，他觉得遇上这种事也许是他的业障，所以也没有追究，只想认真赚钱养家。这段期间，可能是心理上的压力大,再加上经济的压力,导致精神分裂,住院治疗了一年多的时间,总算康复了。

之后几年来,他以开计程车为业,很辛苦地养家;太太很贤慧,不论先生发生什么事她都能善解,任劳任怨、毫无怨尤地陪着先生走过坎坷的人生路。他们的生活很节俭,而他总觉得应该要更努力,除了养家之外,还要为社会做些事,因此慢慢存了一些积蓄。

由于他自身的经历,让他深刻地体会到:当有人受伤或发生意外时,急救是非常重要的,所以他的心愿是捐救护车。了解他的家庭和工作情况之后,上人很慈悲地表示,能够明白他的心愿,但劝他不要急,可以慢慢来。不如先捐二十万元,剩下的钱拿回去存在银行。原本执拗的他终于同意把六十万元带回去。虽然这对夫妻生活并不富裕,但是他们的心灵很健康、很知足,夫妻俩认为只要努力打拼、身体健康就够了。

有福,就应该知福又知足。在人事与生活的压力下,只要把心门打开,不论什么压力都可以逐渐化解。人生有很多不同的路,好好用心选择,淡泊知足、身心轻安的生活方式,才是真正幸福的人生。

【大智若愚】

能大智若愚的对待他人，才可免除计较而自在；能精明的对待自己，才能把握时日和人生。

——《静思语》第二集

证严上人勉慈济人追求正信，不要迷信。

曾有一位女士找瞎眼半仙看命，对算命师的话耿耿于怀。眼睛雪亮的明眼人，不自己内省观照，竟让盲人看命，实在有欠智慧。

另一位太太也去找了位算命先生。她愁闷地说："最近被倒了钱，觉得很倒楣，就跑去算命，结果算命先生告诉我最近会有灾祸临头。我听了以后很烦恼，好几天睡不着，都快要精神崩溃了。"

她接着又说，自己实在很想聘请讨债公司的保镖用武力去讨回这笔债。上人得知后，当头棒喝地提醒，这么做她就真的会有灾难降临。其实，她被对方倒了这笔钱,对生活三餐并无影响,但她非常不甘愿,希望就算讨回一半也好!

但是,她却没想到,讨债公司可能会运用暴力讨债,万一伤害到对方,这就犯了法,警方一定会追究背后的主使人是谁,如此她必定难逃牢狱之灾,成了名副其实的灾难临头了。

她终于了悟,"这么说来,只要我不采取讨债行动,也就不必再去消灾啰!"

她放下这笔债之后,吃得下、睡得着,身体健康,精神愉快,成为一位快乐的慈济人。

【做人的开始】

每一天都是做人的开始,每一个时刻都是自己的警惕。

——《静思语》第一集

人人都有与生俱来的善念,但因习惯不同,习性各异;修行,也就是要改变不好的习性。新竹陈师兄的人生故事,见证了改变的力量。

师兄未加入慈济之前,曾因酒醉发生过三次车祸,后来因为遭遇丧子之痛,变本加厉地借酒浇愁。当他知道儿子车祸受重伤时,救护车把他送到较远的医院,错失了抢救良机,他悲愤不已,打算提告讨回公道,虽然女儿以静思法语"普天三无"劝导,他才放弃诉讼。但心结仍然很难解开,沉迷酒乡,以为只有在酒精麻痹下,才能忘却人生的一切痛苦。

幸好他转一个心念,慢慢地投入环保工作,在付出中学习感恩与惜福,躁动不安的心灵一日日趋于平静,终于让自己重新站起来。随后,陈师兄参与见习、培训,渐次戒除烟、酒、槟榔恶习,步步投入志业,承担功能,转换成带动别人的角色。

人要改变习气,大环境很重要,进入慈济,就有许多好缘、善知识相伴,一起做好事。证严上人曾开示,现代人遇到困境就说压力大,口头的压力,会在无形中影响心理,进而变成心灵的压力;心灵的压力就会演变为社会的压力。

人应乐观,且要有使命感。其实,没有人来压迫我们,常常是自己的心在压迫自己,对人生的一切都不满意。若欲求福,我们的首要之务,就是要解开这分被自我绑缚的压迫。

【感恩父母与众生】

每天要感谢父母与众生；一生作为不要辜负父母与众生。

——《静思语》第一集

有一位环保老菩萨，一生辛苦；晚年接触慈济后，全心全力投入环保工作中。

老菩萨总是每天凌晨两点多，就出门做回收，有一日，凌晨三点多，她在做回收时，被一辆厢型车撞到，回天乏术。

她的子女知道若依照妈妈的行事为人，绝不会与这位肇祸的年轻人计较，因此他们也用很宽阔的心胸对肇事者说："我们不计较，也不追究，但也请你以后开车要小心点。"

后来，老菩萨的子女说，他们不和对方追究，是因为妈妈这一生都很辛苦，也很坎坷，一直都不快乐，直到接触慈济后，这几年来，做环保做得很开心，"所以我们很感恩，而且我们会将妈妈对慈济的爱延续下去。"

以前是妈妈一个人做环保,现在子女们都发愿要延续妈妈的爱,一起来为慈济付出。假如人人都能有如此的胸怀和观念,社会一定会很祥和。

其实,人世间,不论是因病往生、意外而死,总是逃不过死。只是在生与死当中,究竟是要用智慧来解脱,或是要让烦恼无尽延续,这是值得人们好好的思考。

【重业轻受】

过去宿业所带来的业障,如能以欢喜心去接受,就可以重业轻受。

——《静思语》第二集

曾经有一位妇人,多年前生下一个女儿,但医师当时就告诉她,婴儿患了成骨不全症,时常会有骨折的情形发生,并且,孩子的内脏及肛门也都异常。听到医师这么说,她非常痛苦,因为她的家境很清苦,无法将孩子养大。

医院初始帮忙她照顾了两个月,她每个月都向人借钱来缴医药费。不久,她感到实在太艰困,竟和婆婆商量,决定将孩子装在篮子里,吊在甘蔗园旁的树上,任由孩子自生自灭。

隔天一早,婆婆到甘蔗园一看,孩子还有呼吸,过了一天再去看,孩子依然活着,第三天早上又去看,发现孩子还活着,不过身上爬满了蚂蚁和苍蝇。婆媳两人为此心中十分不忍,哭得非常伤心,正巧妇人的母亲打电话来探问,得知妇人竟打算放弃孩子的生命,她的母亲非常生气,就对她说:"孩子是你生的,怎么可以这样做呢?你如果不要,我就抱回来养!"

娘家的妈妈真的把孩子抱回去,并把孩子救活了。孩子长得非常清秀,只不过虽然只有八岁大,就已经开过十几次刀了,实在很辛苦。其后,妇人又生了一个儿子,没想到也得到一样的病症,但妇人终于不敢再放弃,夫妻俩费尽了家财与心力,咬紧牙根扶养孩子。

母子就是一分缘,好好珍惜这分缘;甘愿做、欢喜受,再怎么辛苦,也不以为苦,该做的就要做。当辛苦付出之后,就能得到人生成长的代价。

【执著的困境】

不要封闭自己。你要先去爱别人，别人才会爱你。

——《静思语》第一集

美国九一一事件发生后，当时慈济人从台湾开始，发起"一人一善、爱洒人间"运动，希望向人人洒爱，启发全球人的爱心。从此，"爱洒人间"成为长期推动的目标，有慈济人持续到社区按门铃向乡亲说明理念，或是办社区活动，提升人人的爱心。

爱洒人间对人心的确有净化功用。宜兰有一位师兄，就非常感恩慈济把爱带进社区。原来，五年前某天中午，他正在午休，隔壁邻居的几个孩子在他家门口打篮球，吵得他不能安眠，他出来驱赶。这些孩子很生气地说："好啊！你不让我们在你家门口打篮球，最好你也不要从我家门口经过。"他听了很生气，就到这男孩的家中去抱怨。但对方父母也不满意他不让孩子在门口活动，两家人就为了这件小事，从此相见成陌路，互相不给好脸色看。

偏偏他每天出门一定要经过邻居家门口,每次,对方一家大小都用很不友善的眼光看他。五年下来,他天天心里都难受。后来他看到了《静思语》,也接触了大爱电视台,再经过"爱洒人间"的祈祷活动,听到其中有一句歌词:"大家心口一念,化解恶念结善缘",这句歌词突然点醒了他,"对啊!我应该化解恶念结善缘,不要以牙还牙,这样很痛苦,日子不好过。"心中有了善念,他马上起而行动,买了水果,提起勇气,走进邻居家门。

虽然邻居全家不给他好脸色,但他已下定决心,就说:"我今天很诚意来向你们拜年,我过去实在是太冲动了,很不对,所以来向你们道歉。我想,我们应该要做好邻居,你可不可以让我抱一下。"他一边说,一边就伸手出去,抱着邻居,同时说:"我们以后都是好邻居。"五年的心结从此打开,心灵的纷争没有了,大家相处很欢喜。

证严上人曾开示,用虔诚的心,可以解决很多不愉快的事情。这位师兄是最好的见证。

【宽谅和乐面对业力】

面对业力不要埋怨,要用宽谅和乐的心来代替埋怨。

——《静思语》第二集

有一位年轻太太,是癌症第三期患者,先生陪她去过各大医院接受治疗,但是医师只给他们一句话:"没有办法了!"所以,他们总是抱着希望住院,又抱着失望出院。后来,这位太太住进慈济医院。起初,她每天都会哀叫、喊痛,甚至乱发脾气,吵得与她同病房的病人都受不了。

在先生百般容忍、耐心呵护,以及医护人员和志工爱的照顾下,这位太太的情绪终于稳定下来。经过两三个月后,一次圣诞节前夕,志工们进去病房时,看到里面焕然一新,挂着许多装饰品,有布娃娃、花、鸟……等可爱的小东西。志工们感到很惊讶,她的先生就说:"这是我们两人爱的作品。"每一件都做得很美,志工问他:"你们怎会想到要做手工?"

先生说:"有一天,太太的妹妹来,看姊姊这么痛苦,就建议她做些小东西来转移注意力。"先生听了,鼓励太太试试看。开始时,他们做了一个布娃娃,她自己说:"你看,这是四不像。"不过,这是小夫妻俩合作完成的第一件作品。

于是,志工就鼓励她多创作小工艺品,她也由志工们的付出中领会到,自己应该把握机会,学习付出,所以她放下病苦,专心地做了很多小玩偶,参与赈灾义卖。这位年轻的太太终于打开内心惶恐的心结,走向清明的菩萨道,对于生命要如何运用以及如何走完这趟人生旅程,她已经有所了悟。因此,精神上能够很轻松、很勇敢地接受现实。

【让生命发光】

不要把阴影覆在心里,要散发光和热,生命才有意义。

——《静思语》第一集

　　有人说,女人的命像油麻菜籽般无奈,一生的幸福像赌博,完全系在婚姻对象。嫁对了人,幸福一世;嫁错了,悲苦一生。在婚姻中痛苦多年的吴师姊,也曾经这么以为。

　　她的婚姻由父母做主,双方在不甚了解的情况下结了婚。先生自小生活优渥,花钱不手软,却又不懂得理财,婚后没多久,家中经济就陷入危机。更糟的是,先生对她总是恶言相向,导致家中气氛恶劣,不得安宁。

　　坚强的吴师姊多年来一肩挑起家中经济重担,一天打拼十几个小时,家中经济总算稍有好转。但由于事业忙碌,她与先生相处不融洽,家中并不和乐。在得知先生有外遇后,她实在承受不住了,觉得自己的人生完全没有价值。二女儿看不过去,说了一句:"妈妈,你不要整天困在家里,面对四面墙壁,应该走出去与人结好缘。"

女儿贴心的话,让她想到了慈济,她开始请资深师姊带着她参与慈济活动。从活动参与中,她见到每个慈济人都这么快乐,脸上漾出笑容,欢喜地付出,让她开始喜欢这个团体,希望将来成为这个团体的一分子。

资深的师姊不忍她内心承受的苦,时常引用证严上人的开示安慰她,一路鼓励陪伴,逐渐为她解开心结。过去常怨自己命苦的她,现在已经了悟,如果一直存着瞋恨心,这样的业力也会带到来生,如此轮回永无止境。放下瞋恨心之后,她的日子好过多了,心情也舒坦了。

面对未来,她说:"希望能多参与医院志工,关怀需要照顾的人,因为唯有见苦才能知福,见到许多人的病苦,才了解自己是多么幸福的人。"不论与先生结到好缘或恶缘,她发愿要带着家人一齐走入慈济,当别人生命中的贵人。因为她体会到,人在彷徨无助的时候,能有一个人可以依靠,真的是找到生命中的贵人,一如当初资深师姊对她的全心支持一样。

【感恩的人文】

真正的布施,除了无欲无求外,还要有一分感恩心。布施,并不是要求得对方的感谢,而是要以感恩心,感谢对方让我们有付出的机会。

——《静思语》第二集

天气再冷,慈济人的心都是热的。

慈济的大陆赈灾发放,都是直接且以感恩心送到灾民手中。从辽宁回来的发放团员张师兄说,当地气温零下十六度,发放现场在户外,手冻得几乎要僵住了,大家为了方便发放,都把手套脱掉。当地官员一直劝他们戴上手套,否则手会冻坏了。但慈济人仍不以为苦,坚持光着双手工作,本来站在旁边看他们发放的官员,也大受感动,跳下来一起动手。

当发放过程顺利完成时,当地的何镇长说:"你们的爱心,我们没有办法帮你们送给灾民!"这句话让大家吃了一惊,但何镇长又说:"因为这样的发放方式让我深深地感动,我相信只有你们亲自把物资交给灾民,灾民才能亲身感受你们的大爱精神!所以我说,你们的爱心,我们没办法帮你们送到!因为你们对灾民的这分爱,我们还要学习啊!"

证严上人开示,志工们这样做,就是菩萨的境界!以大悲心对待灾民,以大慈心对待当地官员,以诚恳的爱心建立人与人之间善的循环。

对灾民心存感恩,对当地官员也心存感恩,这就是慈济人的感恩人文!

【至诚的爱心】

至诚的爱心,可以温暖人们心灵的凄凉。

——《静思语》第二集

当卡崔娜飓风摧毁美国新奥尔良市时,大批灾民仓皇逃离家园,孑然一身地躲进德州休斯顿巨蛋的收容中心。旅居美国的慈济志工们迅速从四面八方汇集,帮助灾民安顿身心。

有位体态肥胖的老太太,慈济人找到她的时候,看到她坐在轮椅上,拿着一把小小的剪刀要剪开两件裤子。因为她逃出来时,只穿了一身衣服而已,脏了,没有衣物替换;收容中心提供的衣物,又没有适合她的尺寸,只好自己想办法,将两件裤子改成一件。她拿着那把小小的剪刀,边剪边哭。

慈济人走到她身边,问她:"你是不是叫做海伦?"她一听,马上惊讶地抬起头来,而且很激动。逃难这么多天,没有人认识她,在陌生的环境中,有说不出来的苦。

原来这位老太太是被直升机救起来,送到休斯顿的巨蛋收容中心,她的儿子和孙子则分别让车子救走,后来透过红十字会寻找,儿子虽然找到了海伦,但是只来得及说一句:"我的妈妈拜托你们照顾了。"因为他不堪长期跋涉的折腾,引发了肺炎,立即被送进医院,再度与母亲失联。

在医院关怀的慈济志工,发现海伦的儿子,他告诉志工:"我有一位老妈妈,还有幼子,好像在休斯顿的巨蛋中心,希望帮我把信息传给他们,让他们安心。"志工们马上展开联系,终于找到这位老妈妈。慈济人对海伦说:"我们已经找到你的儿子,现在正在医院接受治疗,你放心。"

海伦还是很担心,希望能听到儿子的声音,于是慈济人帮忙打电话,打了三个多小时都打不通;师姊们看她一直哭,就围绕在这位老妈妈的身边,很温馨地唱歌给她听,肤慰她。她抬起头来说:"你们能不能帮我祈祷?"这些师姊就唱祈祷歌,并且为她祝福。

电话终于打通了,这位老妈妈叮咛儿子照顾好身体,并说:"其他都失去了没关系,我不能没有儿子。"灾民们已经一无所有,再加上亲人离散,实在苦不堪言。

　　灾民们受灾受难受苦,还好有人间菩萨投入灾区去救人,这种在苦难中互动的温馨,令人感动。

【大爱齐心】

愿我们的慈悲心永恒地散布到每一角落,使众生如沐浴在温和明亮的月光下,得到真正的清凉快乐!

——《静思语》第二集

阿富汗天灾人祸不断,从苏联统治到苏联撤退,这二十多年来,一直处于内战、对立的局势,造成民不聊生,前几年又碰上雪灾、震灾,人民断粮缺医,景况堪怜。

慈济人的爱心无远弗届,尽管任务艰难,仍努力启程前往阿富汗赈灾。由于阿富汗长期内战激烈,基于安全考量,救援人员一时无法顺利获准进入,只好在邻国乌兹别克停留两三天。当他们打电话回台湾报告时,证严上人担心地提醒,情况如此危险,安全性要顾虑,赈灾团却坚定表示:"已经来到这里了,如果有飞机,我们还是要进去。"

进去很艰难,安全出来也是大挑战。赈灾团原本期望,完成药品发放后,立即搭飞机出境,没想到所有飞机都被征调到战区前线,百般波折,才得以离开阿富汗,返回台湾。

这就是爱,大家同心同力的付出。爱是最崇高的、最温馨的,爱的力量是最祥和的。

不论是阿根廷水灾、巴西旱灾或是阿富汗震灾、雪灾,这么远距离的救济,一分钱也没有从台湾地区汇出去。阿富汗赈灾是慈济美国分会取之当地、汇集众人的力量去做的;而阿根廷、巴西也同样是取之当地、用在当地。从台湾拿出去的仅是"慈济"两个字,也就是慈济的大爱精神。

慈济人"大爱齐心",这股大爱来自点点滴滴,不管是多巨大的力量,或是多微细的力量,合起来就是一股大爱,这股大爱就是来自齐心、齐力。

上人开示,不只是在台湾,我们要把这分长情大爱延伸到世界任何一个需要的地方;这分长情生生世世,就像佛陀来人间,生生世世不断来回娑婆世界,现不同的身形救度众生,这就是觉有情——已经觉悟的有情人。

这种觉有情,正是我们学佛人要追求的。

以病为师

【生命力的春天】

人的生命,要永远保持像春天一样,不断涌出生命力,不断发挥它的功能,才是活着的人生!

——《静思语》第二集

有一年冬令发放,台中的慈济人,设宴邀请照顾户提前来围炉。吃年夜饭时,突然间有人惊惶失措,喊说:"有个孩子的手臂裂开了!"原来他的手臂上,长了一颗比大腿还粗的肿瘤,破裂后流了很多血和脓。大家看了很紧张,一时不知该怎么办。

这个孩子带着微笑,很镇定地向大家说:"你们不要怕,给我卫生纸就好。"赶快拿来一大叠卫生纸。他接过后,不慌不忙地用那叠卫生纸按住手臂。大家看到这个不到十岁的孩子那么勇敢,心里都很感动。

后来,慈济人把这个孩子送到花莲慈济医院接受治疗。他的脸上始终带着微笑,是一个非常纯真、可爱的小男孩。有一次,证严上人问他:"手还痛不痛?"他总是微笑说:"不痛,要痛就让它痛!"十分洒脱。

这个孩子患的是恶性肿瘤,必须截肢。在上人的鼓励下,他发愿截肢之后,要活出有意义的生命。他很有勇气地说:"对!假如好起来的话,我要当委员,还要当志工。"截肢之后,常常看到他面带微笑,很勇敢地穿梭在每个病房里。那段时间,他启发了不少人,有的青少年不爱惜自己,骑车发生车祸,受了伤需要做复健,复健时非常辛苦,他就去为他们加油鼓励。

后来小男孩出院回家了,不过,仍须定期到附近的台中荣总复诊做化疗,每一次做化疗都是他自己去看医师、接受治疗,他的爸爸身体不好,阿嬷年老了,没有人能陪他。

虽然,他的病况起起伏伏,却从没有看过他躺着不起来,而是到处跑、很勇敢地面对人群,这就是他的坚强与毅力。

人生的成长,不一定要在优渥的环境;有时候,愈是艰难的环境,愈可以锻炼出有毅力、耐力的美好人生。

【心宽就是福】

对别人能多一分原谅、多让一分,就能得到十分的福。所以说:"心宽就是福。"

——《静思语》第二集

曾有一位原本平和善良的人,因为付出大笔金钱帮助一个朋友,却遭到被倒钱的恶果,心里从此充满了忿恨与不满,认为朋友辜负了他。"好心没好报",友谊与金钱都失去了,让他生活得非常痛苦,甚至想要到法院去控告对方。

直到有一天,他在偶然的机缘下,到医院去探病,正巧看到一位病患由于脚部神经损坏,举步维艰,连抬脚都十分困难,只能在复健人员的协助下,极为吃力地练习将脚踝往上提一两吋。在那一瞬间,他忽然发现,自己何其幸运,看看自己平日毫不在意的两只脚,健步如飞,可以去任何想去的地方。

他又看到另一个病患正努力用两根手指想要捏起一个小沙包,从左边拿到右边,可是使尽了九牛二虎之力,直到汗流浃背,手指还是不听使唤。他为这位病患感到十分不忍,但也同时生起了感恩心,庆幸自己有万能的双手,可以做所有想做的事。

从医院出来,他的恨与怨忽然一扫而空,充满了感恩的心情,所以他决定再去关心那位朋友,化解朋友心头的不安;而他自己从此更能平安愉快的生活着。

社会上常有人觉得别人给他的爱不够,因而会有忿恨不平的心理。不过,心中要是充满了仇恨,胸襟就不会开朗。证严上人为心中有恨的人,开了一帖药方,帮助大家解开恨与怨的心结,那就是——"感恩药"。这帖"感恩心"药方,不但可以打开心结,还可以使人生豁然开朗,心量无限宽广。

【也是一种福气】

人在平安的时候,很容易迷失自己。偶尔有小挫折或坎坷,反而能唤醒良知、长养善根,这何尝不也是福?

——《静思语》第二集

有一位外伤患者住院,他在花莲空军机场工作时,不小心被一条铜索打伤。他说:"我实在很感激证严上人,在花莲建这么好的医院,还有这么好的医生,和慈济志工贴心的关怀。我住院两个礼拜了,都没感觉到有一点点的痛苦,真的不会痛呢!"

这场意外虽然让他的身体遭受苦难,但心念却从此改变,他不但没有怨天尤人,抱怨倒楣,反而充满感恩。他告诉志工,"我为自己的妻女感到庆幸,还好我只是受一点伤而已,那条大铜索如果从我头上打下去,后果不知如何?可能我也曾做一些好事,才有幸逃过一劫。这里的志工让我好感动!我发愿从现在开始要吃素了。"

这真是因祸得福啊！身体受到皮肉伤害，却捡回来一颗完整、纯良的心。他读到《静思语》，反省自己过去的人生，沾染了不少习气，"虽然烟酒早就改掉了，但我过去比较风流，现在既然发愿吃素，也都会改掉。"

上人常常开示，身体的残缺不算什么，最怕的是心理的残障。心理若有残缺，就会让自己、家庭和社会产生很多困扰。

【赤裸裸地来去】

人出生时,是一身赤裸裸地来;在世间忙碌了几十年,到最后也是一物不带,而赤裸裸地走。

——《静思语》第二集

多年前,在花莲郊区有一位孤苦无依、患有疾病的拾荒老人,他总是身穿一件破旧的衣衫,住在一间低矮房子,墙壁破了个洞,连大门也没有,看起来既憔悴又可怜。

慈济志工发现后,给予必要的救济,并不时追踪他的状况。后来发现他患有肝病,便将他送到医院就诊。医师表示他的疾病有传染性,必须住隔离病房。当时花莲的隔离病房既简陋又乏人照顾,只有志工时常去探望老人。

慈济志工们轮流到拾荒老人住的隔离病房打扫,老人病得严重,床褥常见沾血,志工们不怕脏地照顾他,并且送饭给他吃。他看到饭菜时,常问志工:"伙食是不是由你们付钱?"志工告诉他:"是的!你放心地吃吧!"不只是伙食费,慈济也帮他付了医药费。几个月后,拾荒老人还是不幸病重往生了。

老人往生后,护士们都不敢进入病房,便通知慈济志工,请他们来为他整理遗物。志工在病房中发现一包用破衣服包裹的东西,一层层地打开,里面竟然有存折以及现金、黄金,存簿的金额还相当多,令人讶异。

后来询问银行,才知道原来拾荒老人曾经是一位校长,有一个儿子在国外读书。老人每年会汇钱给儿子,自己则一省再省,舍不得吃穿,反被钱财奴役一辈子。最后他走了,儿子也不在身边,两手空空。

世界一切有形的物质,他一样也没带走。

【看轻病痛】

身体上的病并不可怕,可怕的是心先病了。人生有几何?我们应该提起精神与勇气,舒展眉头,欢欢喜喜地过人生。

——《静思语》第二集

有一对夫妻新婚没几天就发生车祸;新郎伤得非常严重,腿骨都碎掉了,将来必须装义肢。这个变故让他对人生有了一番深刻的体悟。换药时他忍着痛,笑说:"证严上人说过,把痛苦转成痛快的感受,一下子就过去了;假如把痛当作是苦,那就很难熬了。人生就是如此,什么事情要来,自己没办法预料。有时转眼之间,意外的伤害就造成了。"

这就叫做无常!不过,只要他的心不残缺,身体康复时,可以把从痛苦中转化的经验告诉其他的病人,这就是"现身说法";这种鼓励是最有说服力的。因为受伤的人心里苦不堪言,听到别人叫他们看开些,心里或许会想:你们无法体会个中之苦,说的尽是风凉话!但从保持勇气面对现实,回过头来向其他苦难者现身说法的过来人口中说出,病人的感受就不一样了。

人生有"三受"——苦受、乐受、不苦不乐受。现前的境界,我们身处其中,内心都会有所感受。譬如静坐时,心若是能平静下来的人,就会觉得身轻心安。若是对不曾静坐过的人来说,身体也许会感到腰酸背痛。

上人常常开示病人:要会利用人生,勇敢地接受现实,不要"心"苦;把痛苦换为痛快,日子会比较好过。

【痛苦换成痛快】

痛有两个词：一个是痛快，另一个是痛苦。面对痛苦时，要"痛快"，也就是视"痛"为"劫"。"痛"去"劫"消，则病痛反能带来"劫后归来"之快。

——《静思语》第一集

慈济医院曾住了一位七十多岁的林阿婆，几十年的糖尿病，最后转成尿毒症，脚上的伤口不断地溃烂，送到医院时，医师建议要截肢，否则会一直溃烂下去，连命都保不住。

林阿婆一直不愿截肢，医师不断和她沟通，她还是很舍不得，整天都是愁容满面。

有一天，志工去看她，邻床的人就对志工说："请你多开导开导阿婆，让她开心一点，她开口、闭口都说自己歹命！"

志工就去亲近她、辅导她。她不断地哭诉："我好歹命!"

志工就问:"您怎么会歹命?"

"我都七十多岁了,还要截肢。"

志工就安慰她:"阿婆,您的脚让您使用了七十多年,已经够本了,您要感恩,要谢谢您的脚,要说您很好命。"林阿婆想一想,破涕为笑说:"对呀!我的脚让我用七十多年了,真的应该感恩,谢谢!我是很好命的。"

第三天,另一位黄婆婆病情也很严重,医师为她治疗后,黄婆婆还是一直哭,志工问她:"您怎么了?"她说:"我有六个女儿,两个儿子。两个儿子都往生了,只剩六个女儿而已,所以我心里好难过,我好歹命!"之前那位林阿婆听见她说很歹命,就赶紧告诉她:"我们要说好命,要自我祝福。"一转念,换成她去帮助别人、辅导别人了。

其实,一切的感受只是观念而已。人生要有自我祝福的观念,整天喊苦,还不是痛苦地过日子;如果祝福自己,才能乐观地过日子。所以,大家要互相祝福,但不只是知福、惜福而已,还要再造福。

【自造福田】

自造福田,自得福缘。

——《静思语》第一集

生命是短暂的,一个人出生后,是否能够平安地长大,是否能依照计划由幼年、少年、青年,顺利到老年,实在是无法预料的。但是,一个六岁孩子面对疾病的勇气与信心,在病痛中还能付出关怀的慈悲心,值得大家学习。

这个孩子很活泼、纯真,是个人见人爱、乖巧的孩子。有一次,他随父母回台南阿公家度假。某天早上,阿公发现他尿床了,便下楼告诉媳妇;媳妇认为孩子既乖巧又聪明,不可能尿床。以为是孩子回到阿公、阿嬷家在撒娇,就没理会。

直到近午,母亲发觉孩子还没起床,才赶紧上楼看看。当她要把孩子带下床时,没想到孩子竟站不住。她很惊讶,因为孩子一向很乖、不会耍性子,怎会这样呢?因此快速送孩子到台南的一所大医院就诊;诊断结果,是脊椎发炎。他住院治疗了一段时间,可是却一直没有起色。

一个活蹦乱跳的孩子突然变成这样,一家人也随之陷入痛苦的深渊。住在花莲的外婆去探望他时,看到全家为这孩子乱了生活步调,便建议把孩子带回花莲的慈济医院诊治。

这孩子住进慈济医院以来,从没哭过或是闹情绪;任何时候,他都是笑脸迎人。当他看到大爱电视台报导一连串的大陆水灾消息时,马上向志工说:"师姑,我托您带一样东西回去给师公上人,好吗?"

志工拿来的信封里面有一艘纸船,还有一张简单的字条,上面写着这艘船要载师公去救大陆。过几天,他又托志工拿了一架飞机给上人。上人问:"飞机怎会有尾巴呢?"因为他在飞机后面贴了三条纸绳。志工回道:"他说这架飞机是要救人的,三条纸绳也是要救人的;也就是把人救起来后,再放到船上去。"

几天之后,他又请志工拿来一张纸,纸上画了一栋房子,它的门是开着的。这次他说:"我送一栋房子给师公。"上人问他:"为什么要送房子给师公?"他说:"其实那不是普通房子,是医院;医院是要救人的,所以门要永远打开!"多么有智慧的孩子!

   有一天,他开始借着助行器走路;他两手握着助行器,然后两只脚往前甩,很吃力地走着。虽然走得这么辛苦,但是他的脸上仍然充满了笑容。这个孩子真是众人的活菩萨,值得我们省思、效法。

【菩萨的恒常心】

菩萨不是土塑木刻的形象，真正的菩萨能做事、能说话、能吃饭，能寻声救苦，随处现身。

——《静思语》第二集

家住中部山区的杨先生无怨无悔地照顾罹患多重障碍疾病的太太，自从提报慈济之后，志工与人医会成员经常上山探视。由于杨先生自己上了年纪，每天还要照料太太起居，无力整理家庭，每每慈济人才帮他们清理过没多久，又见室内室外囤积废弃物，脏乱不堪。

有一位志工蹲在地上刷洗物品，蟑螂竟爬上她的肩膀、脖子，让她吓了一大跳，状况排除后又继续清洗……慈济的志工具备毅力、勇气、爱心，实在不简单。人医会医师为杨太太义诊之后，也会帮忙清理居家，在谈话间引导老人家要正面思考。医师不仅是医病，也尽一分力来"医心"。

不是只有偏远山区有亟需帮助的贫病苦难，繁华的大都会中，依然有患病却未能就医的困窘人生。例如，高雄骆先生住在公园旁的简陋木屋中，他在七年多前遭遇车祸，因而脊椎损伤，行动不便，腿部又不断受感染而无法工作。雪上加霜的是，女儿又犯案入狱，将两个孩子交给骆先生夫妻养育，全家就靠着骆太太捡拾资源回收物或采药草变卖度日。

骆先生因伤口一再感染、溃烂，整个腿部肿胀脏臭，多年来变得如同象脚一般，十分骇人。慈济人医会的医师与志工们一同前往拜访，医师们且以浴佛的心情，不畏脏臭地蹲在地上，细心地为骆先生清洗肿大的足部。

为了鼓励骆先生起身走路，医师们每每在家访时关怀劝说，甚至为他的脚特别量身订做合适的袜套、鞋子，不但能固定外敷药物，还能阻绝蚊虫叮咬的感染，鞋底还有橡皮软垫，减轻他踏地行走的痛楚。

对于这些用佛心、行法理的慈济人间菩萨，证严上人感恩、感动又疼惜，并且赞许他们，皆是佛在心中、法在行中，"都是真正的活佛、菩萨！"

【爱无分别】

要突破小范围的爱,将爱心普及一切众生,视众生的苦痛如自己的苦痛,这才是佛教所倡导的爱。

——《静思语》第二集

自一九九一年华中、华东世纪洪涝以来,慈济人的脚步就此踏上大陆。不论是建慈济村、援建学校,或者年年到大陆举办人文、教育等交流活动,都在启发彼此之间爱的互动与交流。而慈济人全力协助河南省宋欣雨小妹妹,走出烧伤苦痛的故事,就让浙江省附一医院与慈济结下以爱交流的美好缘分。

小欣雨的父母到浙江义乌打工挣钱养家,她从小就与外公、外婆同住。四岁时,欣雨和小朋友在木柴堆旁玩耍时,有人放火点燃干草,一下子大火扑身,把欣雨烧得面目全非。父母带着她辗转求医,进行十多次植皮手术,仍然左眼失明,右外耳几乎不见了,右手指头只剩半截,右手臂萎缩,嘴巴无法张大。

她的父母为了治疗爱女,倾其所有,变卖农作收成,生活靠政府救济。逼不得已,在寒风中,外公带着欣雨在义乌街边乞讨筹钱,即使她的伤口仍然流着脓……

当地慈济人知道这个个案,前往访视后赠予急难金及民生物资,并带欣雨就医。包括上海、杭州的师姊都接力陪伴关怀,带着欣雨前往浙江大学医学院附属第一医院治疗,顺利完成二次手术。治疗告一段落后,小欣雨烧伤的手终于可以拿笔写字了。

欣雨住院时,志工们每天两次送餐,如家人般陪伴;医护人员皆十分疼爱欣雨,送她玩偶、衣服,整形外科主任还主动发起募款,全院响应。大家都心疼欣雨小小年纪却承受如此大的身心苦痛,也感恩慈济人接力,尽心照顾小女孩。

浙江附一医院曾多次来台湾取骨髓,慈济志工也常到医院关怀骨髓受赠者,互动良好。有一天,院长巧遇陪伴欣雨的郑师姊,询问慈济人如何募款?师姊拿出手上的劝募本说明:"我们都是向会员一百、两百元逐一募款……"院长十分感动,指示院方全额补助欣雨的医药费。

慈济人不断撒播爱的种子,撒播在人人心地上的种子,经过法水滋润,又能辗转衍生无量种子,就是用爱净化全球!

【化小爱为大爱】

爱本来就无穷无尽，扩大可以利益天下，增长慧命；缩小则成自私自利，增长恶业。

——《静思语》第二集

一个严寒的冬日凌晨，救护车的鸣笛声划破嘉义大林的夜空，急急送来一位因车祸而昏迷的大专学生，大林慈济医院医师虽立即施以急救，但因伤及脑干，终究唤不回年轻的生命。

学生的父母含泪捐出孩子的器官，因此在凌晨两点二十三分，判定二次脑死后，大林慈院立即在凌晨三点半，紧急动用三间开刀房，与台大医院的医疗团队合作，以接力的方式，抢在救人的黄金时刻，为捐赠者和受赠者进行器官摘除和移植手术。

这一天整整二十四小时，对大林慈院来说，很长也很短，因为那是天人交战的二十四小时。在那段时间，有家属、医疗团队、志工,还有一位法医,大家漏夜奋战,不断用爱在呵护、关怀、接力、付出。

尽管知道孩子已经回天乏术,但妈妈和家人仍然万般不舍地守护在加护病房,祈求以亲情的温暖呵护他,好让孩子不要走得太孤单。就在妈妈声声的呼唤中,躺在病床上的孩子似乎听见了,只见泪滴从他眼角滑落下来。一旁的志工惊呼:"妈妈,你看,那是他的泪水!"一滴对父母家人表达来不及说再见的遗憾之泪,引发父母更多的不舍泪滴。

不过父母亲终能发挥大爱,做出捐赠器官的智慧决定,因而在其他人身上延续了这位年轻人的生命。爸爸说:"孩子发生这样的事,我们当然悲痛不舍,不过这一切总会过去;我相信此刻若能让他的生命再延续在其他人身上,这会是一件有价值的事。"他的哥哥也说:"弟弟已经二十三岁了,但还没有为社会付出,现在既然碰到这样的事,就让他的器官继续发挥有用的功能,延续别人的生命吧!"

这一个家庭是多么大爱无私!他们让四个人得到好的器官,延续了生命——不只是四个人,而是四个家庭,因为这位年轻人而得救。

更难得的是,妈妈对于用摩托车载儿子而发生车祸的同学,不但毫不责怪,还心疼他也受伤骨折,并且安慰他,请他不要自责,要保重自己的身体,并说:"将来你有空,就常来台北看我们。"

证严上人赞叹:"这样宽阔的心胸,可见这位妈妈的确有智慧大爱。"这种爱的接力、无私的付出,成就了年轻人永恒的生命。

【人生终有聚散】

人生想透彻一点,没有一件东西可以永远与我们为伴,再亲爱的人,再多的财物,也终有离别聚散的时候,所以,又有什么东西舍不得呢?

——《静思语》第一集

罹患胰脏癌的李鹤振,在世的时候,曾向证严上人报告:"师父,您不是说,身体只有使用权,没有所有权吗?我只剩下三个月的使用权,一口气吸不进来,就没有使用权了。我想,不如把使用权交给我们医学院的孩子做解剖。"他的语气及神情是那样豁达,像是在话家常一般。

在李鹤振往生前,医院特别安排他和年轻的医学院学生面对面谈话,只见虚弱的他坐在椅子上,恳切地说:"你们将来会成为医师。师父说,医师是大医王、是良医、是活佛。我要把我的身体交给你们,你们可以在我身上划几十刀、几百刀,但是将来千万不能在病人身上划错一刀。"他的话令人震撼、感动,着实敬佩!

病痛让李鹤振撑得很辛苦时,医师建议做气切,但是动了刀就不能捐大体。他坚持:"我一定要留下完整的身躯,交给我们的学生。"因此,虽然病魔不断折磨他,他还是忍着,只为了将一个完整的身躯留给学生。

上人曾经开示,人死了,说不定心还能留在别人心中;说不定肝还能留在别人的身体中;说不定骨头还能留在别人的身上走好路、做好事。

能使用这个身体、能够付出的时刻,才是我们的身体。甚至到了最后一刻,还能奉献遗体供医学研究,发展未来的医理、药理,这是对身体真正的拥有。

【为众生求安乐】

佛教的真正精神在于不为自己,一切只为众生求安乐,宁可舍己,以自己的牺牲使他人得到安乐。

——《静思语》第二集

捐赠大体,让医学界多研究、多发现,将来成为所有人类的福音,这样的观念已逐渐成为慈济人的共识了。

慈济医院许主任曾与大家分享病理解剖对医学教育的贡献。他不但让医学生参与病理解剖的过程,每一个学期也都会安排一个病案,由学生自己来主持临床病理讨论会。有一次,有位病人因为结核性脑膜炎而往生,往生前三天,他出现心律不整的症状,但许主任的解剖报告,并没有提到这个问题。

一位认真的同学问他:"老师,他的心脏明明有问题,为什么切片报告说心脏没有问题?"于是师生一起为病人的心脏重新再切片,果然发现心脏真的有病变。许主任讶异同学们居然如此追根究底,师生再度联手,将所有慈济医院解剖过的类似个案的心脏,拿出来再做切片,竟然检验出一样的病变。

许主任很感动,因为学生们在病理解剖中,不但从大体老师的身体上学到很多知识,还培养出追根究底的精神。

有一位住在心莲病房的中年人,虽然接受自己即将抵达生命尽头的事实,但还是疑惑自己何以生病至此?他决定把身后的大体捐出来做病理解剖,希望能够找出病源。他不但捐大体,还以公司同仁们的名字,捐一百万作为大爱电视台护台基金。证严上人赞叹他:"真正是生命的勇者。"因为有这群舍身菩萨,愿意响应大体捐赠,才让医师与学生们有机会不断地精进,在医学探讨的路上不断前行。

【慧命永存】

生命无常,慧命永存;爱心无涯,精神常在。

——《静思语》第二集

花莲的慈济医院筹建期间,从无到有,劝募建院基金非常艰辛,但全台的慈济菩萨一一涌现,以爱护持,因此顺利解决工程问题,但最大的问题就是医疗人才难觅,特别是适当的院长人选。

当时两位台大医院的副院长参与协助慈院筹备,即杜诗绵教授与曾文宾教授。在医院将近完工之时,杜教授突然病倒了。一位医师诊断,杜教授的肝肿瘤情况不乐观,可能只剩三个月至六个月的生命。

但是,病房里的杜教授完全不像一个病人。他坐在床上,架着病床用餐桌,上面放着一叠公文,还在批改。他说:"我怎么能休息?公文这么多,又有医疗学会的刊物要出刊了,我是编辑,一定要把这些稿改完才行。"连医师袍还挂在病房里,他告诉证严上人:"生病很无聊,若有患者来,我还是要去看诊。"

经过一段时间,杜教授的治疗告一段落,出院后,他仍然不停地开会、看诊。在上人心中,杜教授是院长人选。上人深知杜教授的病况,相信他来慈院担负院长的责任,必能提高他的信心,上人认为"信心就是生命的泉源,而且有这么多慈济人在祝福他。希望给予杜教授信心及支持"。

杜诗绵教授虽身有病痛,却在人生的最后阶段活出亮丽光彩。来到慈院以后,他又再多活五年,期间身体状况都不错。到了病笃之时,他也皈依了,他跟太太说:"我是师父的弟子,最后的一切都听师父的安排。"

杜教授是慈济医院创院的重要推手,他的热忱及贡献,将永远留在人们的心中。

【爱最有价值】

人生什么最有价值？就是爱。把牺牲当作享受，能够付出爱心的人，永远都很快乐，而且活得有意义。

——《静思语》第一集

慈济医院即将启业那年，由于和台大建教合作，所以启业前派遣一位骨科陈医师来协助。

启业时间很匆忙，开刀房尚未整理就绪，医师宿舍也尚未装修完成，陈医师带了一批护理人员来协助整理，晚上则回精舍住宿。甚至开刀房中的所有仪器，都是他一颗颗的螺丝钉，小心谨慎地装上去。

有一天，他抽空拜见证严上人，上人便将慈济成立医疗网的要点和精神说给他听，让他了解慈济医院并不是为了营利，而是为了爱人、救人，是数十万人爱心和关心的结合。陈医师听了很感动，但他表明自己是一位基督徒。上人表示：并不担心陈医师的信仰是基督教,只担心他信仰得够不够虔诚。

上人认为基督爱世人,基督教讲究博爱,爱是人生正确的目标。佛教讲慈悲,慈悲是无缘大慈、同体大悲。所谓的无缘,如果以现代的话来说,就是没有色彩的大爱,没有污染的净爱,意思也就是说,即使和我非亲非故的人,我都要使他快乐,这就是"慈";和我不认识的人,他的痛苦就如同是我的痛苦一样,这就是"悲"。所以,这也是最神圣的一念爱心,爱得非常普遍,也非常透彻,因此,上人说基督教的信仰和佛教的信仰其目标都一样——都没有离开爱。

听完上人的话之后,陈医师非常认同,决心要在慈济医院努力奉献。

陈医师从慈济医院开刀房的第一颗螺丝钉开始工作,直到现在,慈济医院中,人人爱他,他爱人人,是一位真正"看病人"的良医。

【及时伸出援手】

有病的人我们帮他医疗,有急难需要帮助的人我们及时伸出援手,这些功德比放生还要大。

——《静思语》第二集

慈济医院的加护病房本来只有十张床,有一天却变成十一张床。多了一张床。原来其中有着一段护理长被一位深具大爱的医师感动,因而愿意牺牲自己休息时间,努力照顾病患的感人故事。

原来,有位脑出血的病人,由于大血管破裂,整个脑肿胀起来,如果不及时开刀就没救了。他的脑神经外科主治医师郑医师,本身一个星期要洗肾三次,但为了要马上开刀挽救这位患者,他跑到加护病房看看有没有床位。并焦急地说:"病人如不马上开刀,生命会有危险,即使加护病房没床位,我还是要马上替他开刀,可以把他送到普通病房,由我亲自来照顾他。因为今天不开刀,明天就没救了,我愿意日夜照顾他。"

护理长听了,非常感动地说:"郑医师,我再加一张床,我替你照顾他。"这就是医护人员爱心、悲心的发挥。

证严上人曾说,建医院的目的在于让慈济志业长存,即使有一天上人不在了,起码还有医院,可以发挥抢救生命、守护健康的良能。有医院在,大家那种疼爱的心,就会永远存在。

【在医院修行】

医生在病人的眼里就是活佛,护士就是白衣大士、观世音菩萨。所以,医院应该是大菩萨修行的道场。

——《静思语》第一集

一位海外慈青参与慈济的大体解剖课后,发表心得。他说,在国外看到解剖过程往往不够尊重大体捐赠者,剖开了,教授或学生们看一看有什么病变,就搁置在一边。但是在慈济,大体解剖完,很细心,同学们研究观察之后,一定再把遗体整理好缝合,回复原样,整个过程很温柔、很尊重,仪式很美。他本来一开始很害怕,念头一转,后来觉得很感动。他说:"同样是对待尸体,却有不同的观念。"

在慈济,除了爱之外,还有尊重及感恩。同学们把大体当成老师,所以很温柔、很尊重。

早期,曾有人误解,认为证严上人盖医院而不盖庙,是修福不修慧。他们认为宗教家应该要盖庙、办佛学院,而不是盖医院、盖学校。然而,上人开示,医院其实就是生死观的道场。以前的修行人,天天拿着人的骷髅观看,作白骨观——死了只是一堆白骨,没有什么。这也是修行生死观。

盖医院就是让大家来投入工作,从工作中学到生命的价值观,生与死的真谛。盖医学院及护理学校也是一样,启发这些孩子能把内心的爱表现出来,将来当一位如白衣大士的护士。白衣大士就是观世音菩萨;医师就是大医王,也是佛陀的另外一个名称。佛陀治疗心病,医学院的学生将来要治疗的是身病,启发他们用爱来看待生命,能做一位良医与良师。

所以,医院是道场,学校也是一个道场。

【发挥良知良能】

人人都有佛性，只要能发挥良知良能，没有一个人不能去救人，去造福人群；这分救人之心，就是菩萨心。

——《静思语》第二集

良医，不仅有高明的医术，而且能以慈悲、智慧为良药，对症治疗老、病、忧、恼，解除病人生理和心理的苦痛。花莲慈济医院骨科吴医师，随慈济医疗团至海啸后的斯里兰卡义诊，他所展现的医者之爱，让许多人刻骨铭心，永难忘怀。

有一位女孩因受伤双脚变形，脚上也长脓疮，成群苍蝇围绕在她的伤口旁飞舞；伤口散发出来的强烈异味，大到让旁人不敢接近。吴医师看着女孩孤独的身影，心里充满不舍。他和志工提来清水、准备刷子、指甲刀，然后就蹲在女孩面前，把她的脚放在自己膝盖上，细心地帮女孩刷洗积满陈年污垢的双脚；之后在伤口敷上药,还把她不知多久未修剪、又厚又长的脚指甲,一根一根剪短。

这分用心对病患的尊重之情,多美!他把病患当成亲人、当作最好的朋友,用自己的生命走入病患的生命中,这正是以生命相交、同体大悲的医者真情。

一位泰国华侨吴先生,慕吴医师之名来台湾求诊。手术时间排好了,吴医师却临时赴印尼日惹义诊。吴先生表示这是救灾,他愿意成就和等待。于是吴医师出国期间,他天天盯着大爱电视,找寻吴医师的身影,关切他在灾区是否平安,也了解灾民的处境,一颗心仿佛随着吴医师到印尼发挥爱的关怀。

吴医师回到台湾,隔天即为吴先生动手术。医病间的信任和祝福,让吴先生恢复得很顺利,也觉得等待是值得的。这样的医病情,多么温馨!

医病之间建立的感情是永恒的。在日惹灾区,慈济医疗团救灾任务告一段落将离开时,医护志工心心念念还在灾民身上,牵挂着他们后续照顾问题。这分医者之爱广大无边,没有种族、国界、贵贱的隔阂;这分不舍之心即是佛心,也是菩萨心。

所谓"慈悲",就是一心付出,只希望为受苦受难的人拔除痛苦,给予平安和幸福。人人若能发挥慈悲心,人生就会很温暖。

附录：慈济语汇

"慈济会员"

只要曾捐善款或每月固定捐款给慈济基金会，并留下个人的姓名、住址、身份证字号，就是慈济的会员。

"慈济委员"

慈济委员是推动慈济志业的重要力量。任务包括：劝募善款、访查复查低收入户、慰问急难灾户病患、担任医院志工，以及参与慈济各项服务活动。

"慈诚队"

慈诚队的成员是来自社会各阶层的男众。要加入慈诚队，必须信守慈济十戒，革除不良的习气。任务包括：负责各会所勤务，担任慈济医院志工，参与支援慈济各项活动等,另外,在重大灾难发生时,需紧急动员协助慈济医院、救难协会、警政消防等单位参与救灾工作。

"慈济大专青年联谊会"

简称"慈青",成立于各大专院校里,平时利用课余时间参与各项慈济活动,将慈济人文散播至校园,以达成净化校园的目标。

"慈济服务志工"

慈济除各式团体成员外,还有数目庞大的志工群,依照不同的功能而分类,包括:医院志工、环保志工、巧艺志工、大爱妈妈、人文真善美志工……详情可至慈济基金会网站搜寻:www.tzuchi.org.tw。

图书在版编目(CIP)数据

静思语的智慧人生/余方,徐荷,林慈盈辑录. —上海:
复旦大学出版社. 2011.1(2019.12 重印)
ISBN 978-7-309-07267-9

Ⅰ. 静… Ⅱ.①余…②徐…③林… Ⅲ. 佛教-人生哲学-通俗读物 Ⅳ. B948-49

中国版本图书馆 CIP 数据核字(2010)第 085589 号

原版权所有者:静思人文志业股份有限公司授权复旦大学出版社
出版发行简体字版

慈济全球信息网：http：//www.tzuchi.org.tw/
静思书轩网址：http：//www.jingsi.com.tw/
苏州静思书轩．http：//www.jingsi.js.cn/

版权所有　翻印必究
上海市版权局著作权合同登记号　图字:09-2010-282

静思语的智慧人生

余　方　徐　荷　林慈盈　辑录
责任编辑/邵　丹

复旦大学出版社有限公司出版发行
上海市国权路 579 号　邮编:200433
网址：fupnet@ fudanpress.com　http：//www.fudanpress.com
门市零售:86-21-65642857　团体订购:86-21-65118853
外埠邮购:86-21-65109143
上海崇明裕安印刷厂

开本 890×1240　1/32　印张 5.625　字数 77 千
2019 年 12 月第 1 版第 7 次印刷
印数 23 601—26 700

ISBN 978-7-309-07267-9/B・346
定价:23.00 元

如有印装质量问题,请向复旦大学出版社有限公司发行部调换。
版权所有　侵权必究